チェリストのための基礎講座

はじめに……

弦楽器雑誌『サラサーテ』で２０１４年から「チェリストのための基礎講座」を連載してきました。本書では、それをもとに、チェロ演奏に必要な基礎的な技術について今一度、順序立ててお話ししてみたいと思います。

チェロの魅力は何といっても美しい音色と心に届く豊かな表現力です。すべての演奏に共通すると思いますが、基礎は常に大切なことであり、何かにつけて振り返る必要があります。これからチェロを始める方や初心者の方ばかりでなく、すでにキャリアを積まれたアマチュアの演奏家の方や学生さんにも本書はきっとお役に立つだろうと思います。

チェロを弾くときにまず難しいのはボウイングでしょう。弓で弦を擦《こす》ることで音が出るのですが、このメカニズムを理解し実践するために**《第2章》右手について**をよく読んでいただきたいです。

右手だけで出せるのは開放弦の音だけです。これを自由に、無限に変化させるには左手が必要です。**《第3章》左手について**では、チェロ特有のフィンガリングへの理解を深め、効率の良い練習をしていきます。

さらに**《第4章》チェロを響かせるための身体の使い方**ではリラックスを基本とした自然な身体の使い方を学びます。

《第5章》チェロの表現力を高める技術では、ヴィブラートやポルタメント、トリルなどの言わば飾りの部分を解説します。

たいていの曲には調性があるので、曲を理解するため、また正しく演奏するためには、その調性の音階を弾いてみることです。しかし音階練習は時間もかかる上にあまり楽しいとは言えません。とかく機械的、義務的な練習になりがちです。**《第6章》音階を使って上達しよう**では、楽しみながらもっと実践的で演奏技術を上げるのに効率のよい音階練習をご紹介したいと思います。

音階同様、エチュードも技術を磨くために大切です。でもいつも忘れたくないのは、どんな音形を弾くにも（たとえそれがエチュードでも）無機的、無感情に ならないということです。アンサンブルやソロの曲中にも、日々の基礎練習として使える音形を見つけて、自分だけの準備体操のように、その日の最初に弾くようにするのも楽しいですよ。

大切なのは、『私たちの目的は音楽であり、技術は手段だ』ということです。エチュードの練習も数より質を大切に、単純な指の練習にならないようにしましょう。ひとつの練習曲からできるだけ多くのことを学びたいものです。

皆さんのチェロ演奏が楽しいものになるよう、また皆さんの演奏を聴かれる方がより幸せになれるよう、この本がお役に立てばうれしいです。

Shozo Kurokawa 黒川正三

チェリストのための基礎講座

目次

CONTENTS

この本での音名・調の表記について

日本では音楽用語に様々な外国語が使われていて統一されていません。例えば音名も、小学校以来一般的にはイタリア語のドレミが使われると思いますが、ドイツ語や英語、フランス語など国によって別の言い方があり、日本では人によって使い方が違い混乱します。この本では表記をドイツ語音名としますので、どうぞこの機会に覚えてください。音名のほか、本文中に出てくる調性などについてもここで確認しておきましょう。

音名を表すには小文字を、弦を表すときは大文字で「A線」のように書きます。また楽譜の中ではA線はⅠ、D線はⅡ、G線はⅢ、C線はⅣとします。

調性はC-dur、a-mollのように長調は大文字、短調は小文字でハイフンを挟みます。

［音名］

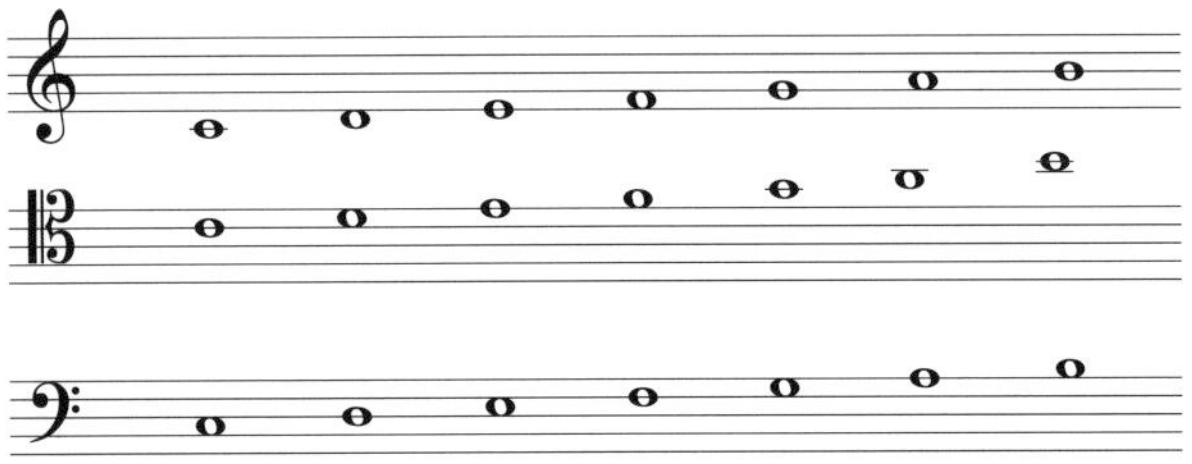

日本語	ハ	ニ	ホ	ヘ	ト	イ	ロ
イタリア語	ド	レ	ミ	ファ	ソ	ラ	シ
ドイツ語	C《ツェー》	D《デー》	E《エー》	F《エフ》	G《ゲー》	A《アー》	H《ハー》

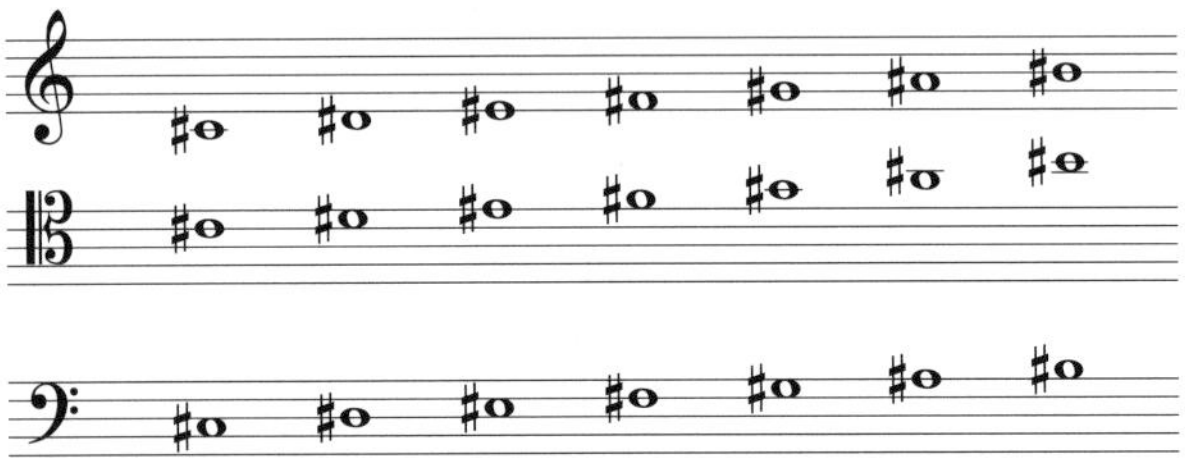

日本語	嬰ハ	嬰ニ	嬰ホ	嬰ヘ	嬰ト	嬰イ	嬰ロ
ドイツ語	Cis《チス》	Dis《ディス》	Eis《エイス》	Fis《フィス》	Gis《ギィス》	Ais《アイス》	His《ヒス》

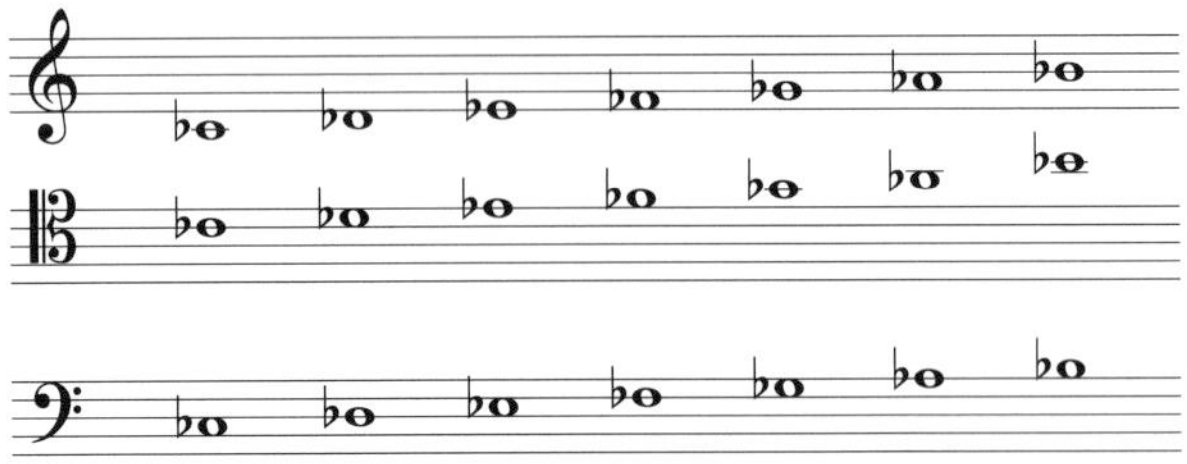

日本語	変ハ	変ニ	変ホ	変ヘ	変ト	変イ	変ロ
ドイツ語	Ces《ツェス》	Des《デス》	Es《エス》	Fes《フェス》	Ges《ゲス》	As《アス》	B《ベー》

［変化記号］

♯（シャープ）……半音高くする

♭（フラット）……半音低くする

♮（ナチュラル）……元の音高に戻す

［音程］

音の高さの幅。八度は1オクターヴです

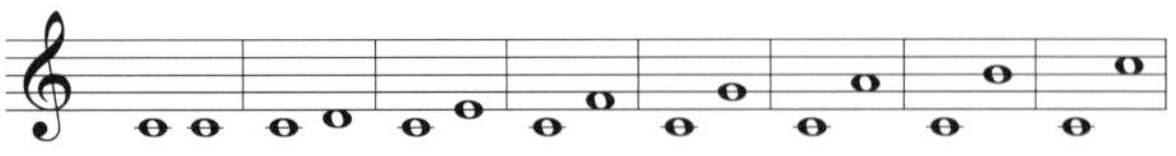

一度　二度　三度　四度　五度　六度　七度　八度

［調性］

C-dur ハ長調
a-moll イ短調

G-dur ト長調
e-moll ホ短調

D-dur ニ長調
h-moll ロ短調

A-dur イ長調
fis-moll 嬰ヘ短調

F-dur ヘ長調
d-moll ニ短調

B-dur 変ロ長調
g-moll ト短調

Es-dur 変ホ長調
c-moll ハ短調

―『弾ける!! チェロ』より―

《第1章》

チェロを弾く

チェロはその深い音色と豊かな表現力で、音楽好きの多くが弾いてみたいと憧れる楽器です。

大きなケースを背負って歩く姿は羨望の眼差しで見られます。

チェロがあなたにとって憧れの楽器なら、ぜひ始めてみましょう。きっと人生が豊かになりますよ。

楽器選び、構え方・扱い方、チューニング

楽器選び

楽器には大きく分けて手工品と規格品があり、質や値段も様々です。初めて楽器を購入しようと思われる方は、まず信頼できるメーカーの規格品から予算に合わせて選ぶのがいいと思います。値段によって材質やできばえが異なり、その中から自分の好みのチェロを探しましょう。でももし先生がいらっしゃるなら、選んでいただく方が無難でしょう。

構え方、扱い方

楽器が手に入ったら、細心の注意を払って丁寧に扱います。楽器に愛情を感じていれば自然にそうなるでしょうね。チェロをケースから出し、エンドピンを引き出します。エンドピンは、椅子に楽に座って背筋を伸ばし、両脚にチェロを挟み構えたとき、両膝の内側と、胸のみぞおちと右の乳の中間辺りの3点に楽器がくる長さにします。椅子は背付きのピアノ椅子がいいのですが、なければ座面が硬く、後ろ下がりではないものがいいです。

チェロを置いて離れるときは、エンドピンを引っ込めて椅子にネックを乗せて置きます【写真1】。エンドピンを出したまま横に倒して置いたり【写真2】、斜めに楽器を椅子に立て掛ける【写真3】のはとても危険ですのでやめましょう。

チューニング

チェロはヴァイオリンなどの弦楽器の仲間で４本の弦を持ちます。調弦が正確にできなければ練習も始められません。弦は一番細い（高い）方からＡ線、Ｄ線、Ｇ線、Ｃ線です。楽器は弦楽器も管楽器も最初にピッチを合わせるのにはａを基準にします。チューナーを使う場合は基準のピッチを設定します。ａを４４０Hzに合わせるのは最近ではあまり一般的ではなく、少し高めの４４２Hzにすることが多いです。初心者はチューナーを使うのが便利でしょう。チューナーの他にピアノなど音程の安定した楽器に合わせる、音叉からａを取るなどの方法があり、またオーケストラではオーボエのａに合わせます。チューナーやピアノを使えば全ての弦を合わせられますが、音叉やオーボエにａをもらったときは、隣の弦との重音で合わせます。それぞれ完全五度の関係ですので、この響きは覚えておく必要があります。チューナーを使って合わせても必ず完全五度を聴くようにします。濁りのないまっすぐな響きです。重音を弾くときには２弦のバランスをよく、また押し付けず静かな音を出します。余韻を残すように弓を弦から離し、その余韻を聴きながらアジャスター*1を使って合わせましょう。余韻の長いチェロならではの合わせ方です。

　倍音を使った調弦方法もあります。弦の振幅はその長さが半分になるとオクターヴ高い音（第二倍音）になります。また三分の一になるとオクターヴと五度高い音（第三倍音）になります。このことを利用して弦に軽く触れるフラジオレット*2という奏法で隣り合う２弦を合わせます【図】。

【図】

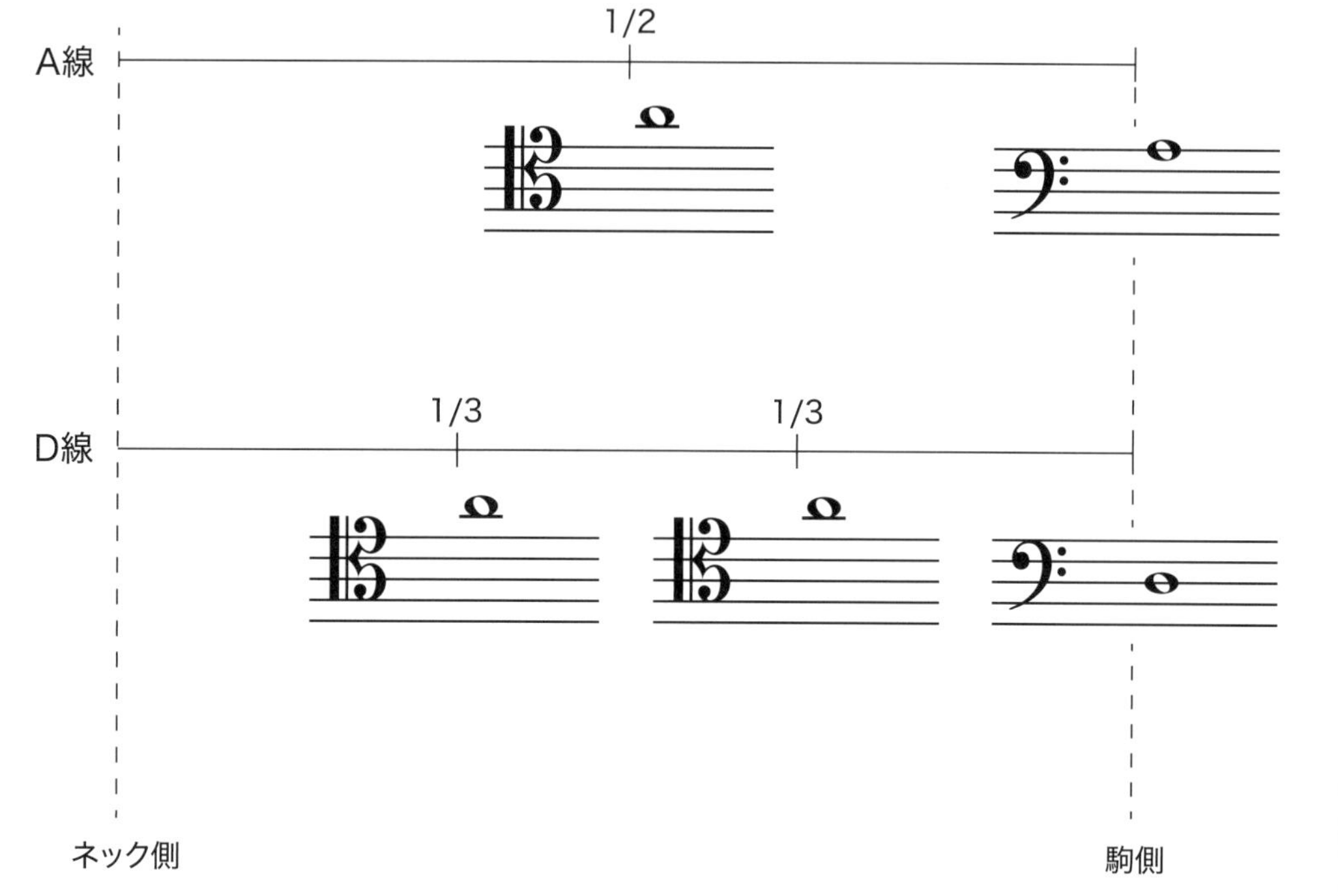

*1 アジャスター：テールピースに取り付けられた微調整用のネジで、はじめから組み込まれたものと後付けのものがある。

*2 フラジオレット：弦を完全に押さえず軽く触れるだけで振幅を分割して音程を変える奏法。例えば弦長の1/2の場所に軽く触れて振動を止めると振幅が半分になりオクターヴ高く、1/3の場所では振幅が三分割されてオクターヴと五度高い音が出る。単純な分数ほど音が出やすい。

「息子が4歳の頃、私が練習している様子を真正面の床に座って描いた大きな油絵。低い所から見ているので、エンドピンや長さ調節用のネジが大きく目立って描かれています。Tシャツとズボンに裸足というラフな格好をそのまま描かれてしまいました」

《第2章》

右手について

演奏という行為にはスポーツと共通するところがあります。
脱力は、瞬発力やスピード、また最大の運動効率を生み出すためにとても大切なことで、
ボウイングの基本を学ぶためにも常に意識しなければなりません。

持ち方・脱力・弓の動き

自然な手の形と
鞭のようにしなやかな身体

ボウイングの基礎的な技術について、3回に分けてレッスンしていきます。今回は弓の持ち方、動かし方について大切なポイントを学んでいきましょう。

ボウイングは弓で弦を擦《こす》ることであり、良い音を出すためには常に最良の状態を作らなければなりません。そのためには状況に応じて柔軟に対応する必要があります。

誰でも最初は「弓が弦から滑り落ちないように弓をしっかり握る」と思いがちです。でも握ってしまえば腕から弓先までが一つに固まってしまい、状況に応じた動きができません。

まず、弓を持ってみましょう。左手で弓の先を持ち、両腕を前に伸ばして弓が水平になるようにしてみます【写真1】。

手首の力を抜いて手首から先がぶら下がるようにします。右手の中指と親指で輪を作って弓を乗せ、ほかの指を軽く添えたら中指は楽に、主に親指と人差し指、薬指で弓を支えます。ヴァイオリンでは弓に対して指を斜めに持つのに対し、チェロでは弓に対して指がほぼ直角になります。手首をぶら下げたまま弓を持ってみると自然にそうなるでしょう。親指は丸くし、逆反りに突っ張らないようにします【写真2、3】。逆反りにすると親指の付け根に力が入り硬くなります。持ち方がわかったら弓を水平に

左手で弓の先を持ち、両腕を前に伸ばして弓が水平になるように持ってみる

ボウイングの基礎①

したまま弦の上へ置きます。最初はD線またはG線に乗せるのがよいでしょう。右の手首は常に力を抜いてぶら下がった状態を保ちます。そのため、肘《ひじ》はいつも手首より上になるよう、やや持ち上げ気味になっています。

では動かしてみます。**動作は身体の中心から始まり、右肩、上腕、肘、手首、指、弓へと伝わっていきます。身体の中心がしっかりしていて、先端へ行くほどしなやかになります。サーカスの猛獣使いが持つ長い鞭や、新体操のリボンをイメージしてください。**

弓の真ん中を弦に乗せ、身体の重心を少し左へ傾けます。すると水が低い方へ流れるように弓は左方向（アップ）へ滑り始めます。反対に重心を右に傾ければ右方向（ダウン）へ動きます。

はじめに生み出された小さな動きは、先端へ行くにつれ大きく増幅されます。身体が固まってしまうと身体の中心から先端までが同じ動きになって、動作は重く鈍くなります。一つの固まりではなく、柔軟に動作を伝達できるしなやかな体をイメージしましょう。

最優先される基本
全てのコントロールはここから

さて、ここで問題です。斜めに張ってある弦の上を弓が動く時、弓をしっかり握っていないと滑り落ちてしまうでしょうか？　実は弓を握っていなくても正しく動かせば滑り落ちません。滑り落ちるかどうかは、弓を握りしめているかどうかではなく、弓を動かす「方向」によります。

それでは試してみましょう。まず力を入れずにゆっくりダウン方向*へ動かします。弓を自分の方へ引き寄せるように動かすと、弓先が滑り落ちます。反対に手元を自分から遠ざける方向へ動かすと弓先は指板側へ上ってきます。その中間にどちらにも滑ら

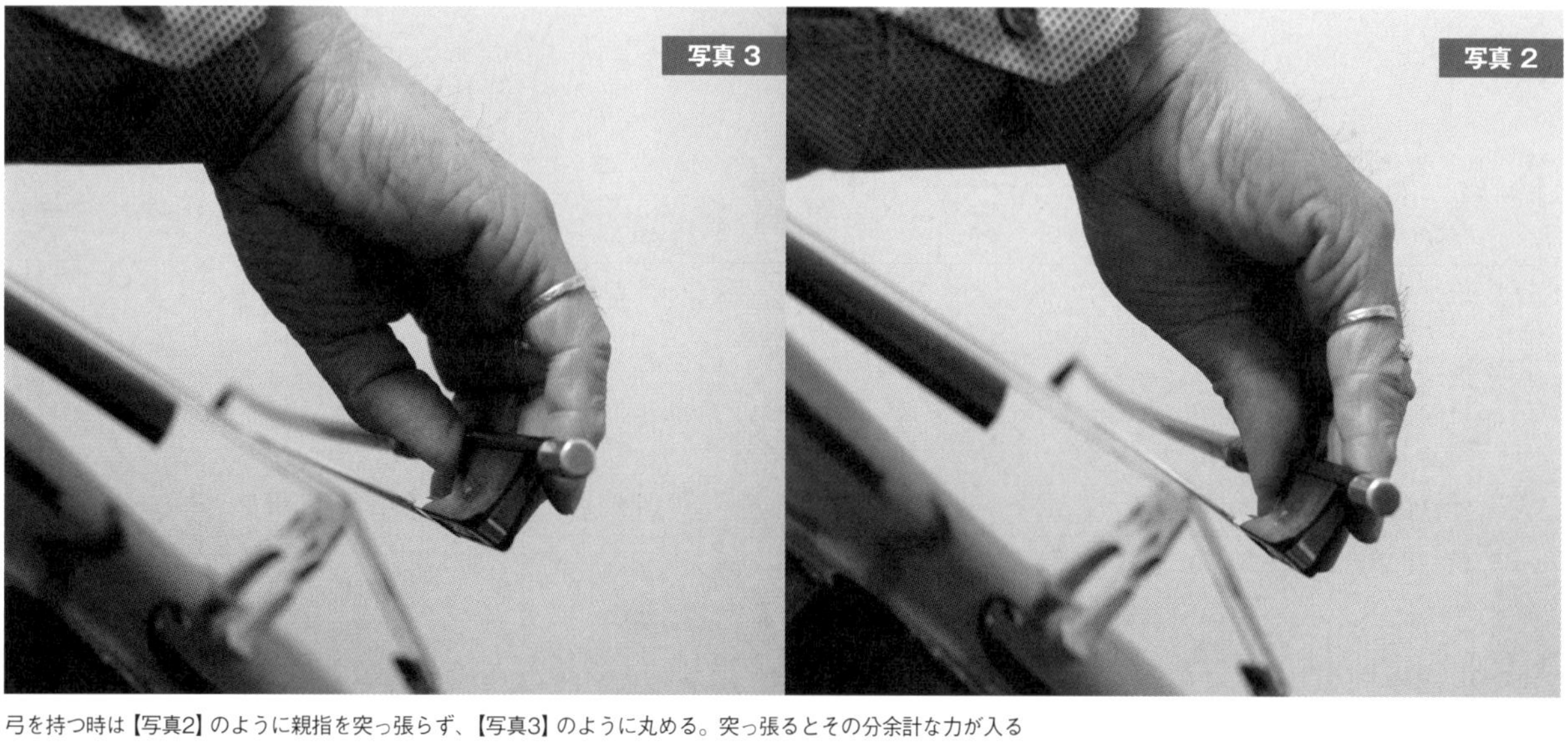

弓を持つ時は【写真2】のように親指を突っ張らず、【写真3】のように丸める。突っ張るとその分余計な力が入る

*ダウンボウ／アップボウ：弓を動かす方向は2通りあります。奏者から見て右方向へ動かすのがダウンボウ（down bow）、その反対方向に動くのがアップボウ（up bow）です。英語の言い方が一般的なのでこの本でも使います。ダウンボウは強拍に使われることが多く、アップボウは反対に弱拍に使われます。またダウンボウは曲の最後の音に、アップボウはアウフタクトに使われます。

ない角度があるはずです。アップボウでも同様に適切な方向を探してみてください。重心の移動から全く力による重さを弓に加えなくても、ゆっくり弓を動かすと弦は静かに振動を始めます。比較的指板に近いところに弓を置き、横滑りしないように動かします。すると無理のない柔らかな音が出てきます。

今度は少しずつ弓の速度を増してみましょう。弦の振幅が大きくなり音量が上がってきます。しかし速くなりすぎると弓が弦を振動させられずに滑ってしまいます。弦を正しく振動させられる弓の速度の限界を知りましょう。また、指板寄りに置いた弓の位置を少しずつ駒に近づけてみます。音色の変化がわかりますか？しかしこれも限界を超えると弓が滑って音になりません。

ここまでの練習で、弓のスピードや指板と駒の間のどこを弾くかによって音量や音色が変わることがわかりました。でもその限界はどうやって引き上げることができるのでしょうか。弓が弦に働きかけて音が出るためには『位置のエネルギー』（上にあるものが下へ落ちようとする力）とそれをコントロールする『運動エネルギー』が大切です。24ページで詳しく解説します。

弦に対する弓の進入角度

図を参考に弓の動かし方を考えます。

弦の断面図を思い浮かべてください。弦の断面を時計に見立てた時、ダウンボウでは11時から3時あたりを、またアップボウでは1時から9時あたりを通るように、弓を動かします。ダウン、アップの二つの弓の動きを繋（つな）げると∞（無限）という記号になります【図】。無限の可能性を引き出す基本中の基本です。この練習用に簡単な楽譜を用意しました【譜例1】。試してみてください。

【図】基礎的な弓の動かし方

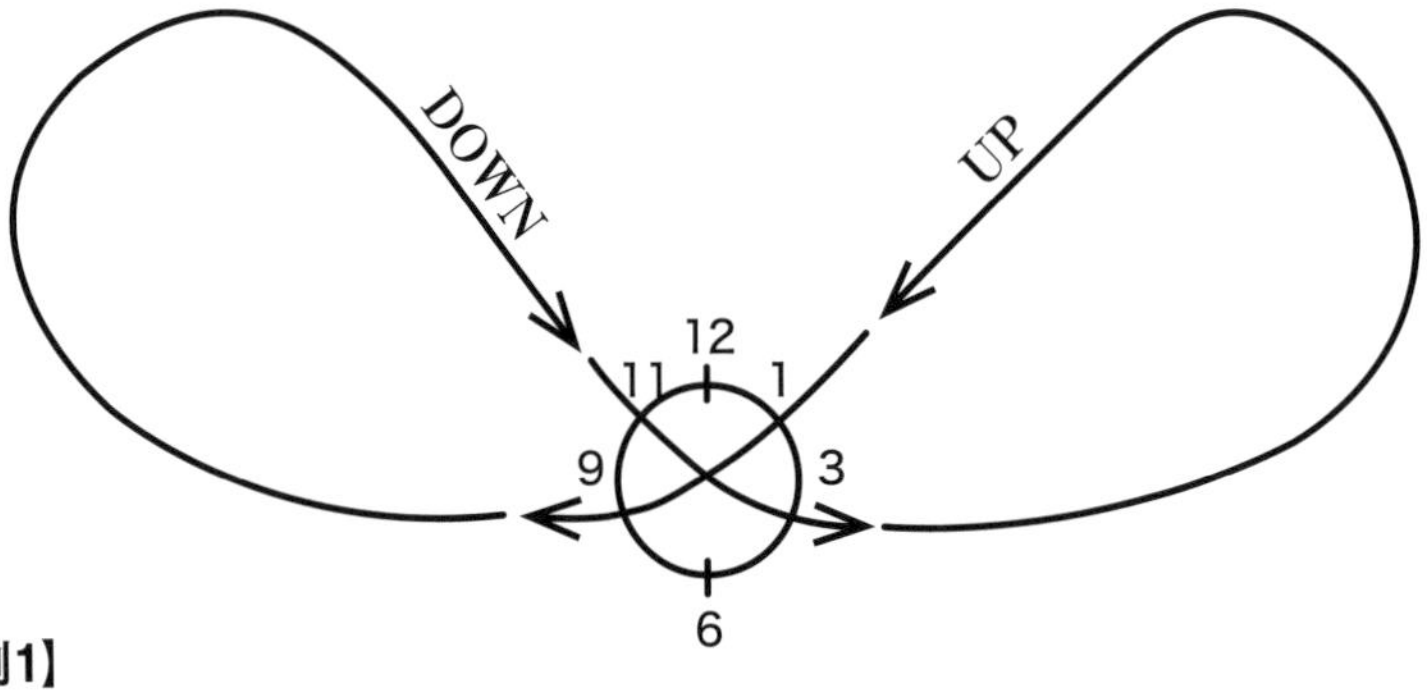

アップボウ、ダウンボウの動きを繋げると∞(無限)という記号になる。弓を動かす方向や角度を意識し、なめらかなボウイングを目指したい

【譜例1】

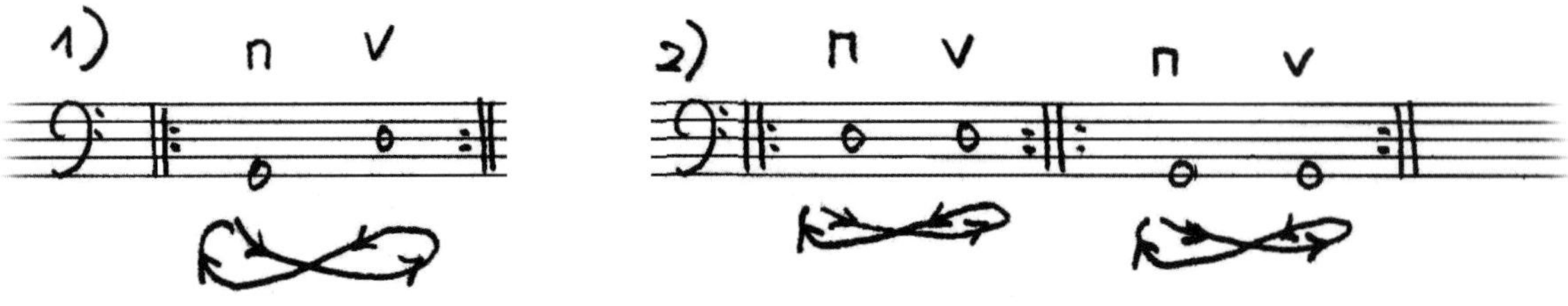

ロングトーンの練習。【図】を参考に、音符の下にある弓の動きを意識して弾いてみよう

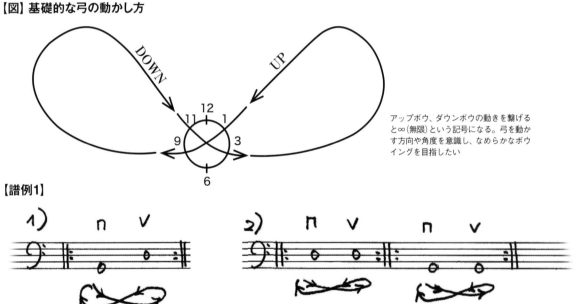

ゆっくりのボウイング

弓の節約をどれだけ できるかがポイント

ボウイングの技術でも特にデリケートなレガート奏法を中心に、ボウイングの基本的な技術について考えていきましょう。

テンポのゆっくりした曲で音価も長い場合、またタイで同じ音をずっと伸ばして弾くときなど、限られた弓の長さで弾くのはなかなかたいへんです。レガートを基調としたゆっくりの曲では弓の返しについてとてもデリケートな注意が必要です。

一つの音符でもひと弓では弾けないほどの長さであるとき、また数小節にわたる長いフレーズをレガートで弾くようなときには途中で弓を返すことが必要になります。

また音量が欲しい場合、弓を返してたくさん使う必要があります。そのようなときに弓の返しができるだけなめらかになるようにしたいものです。

身体の中心はしっかりさせて、末端へ行くほどしなやかにという基本動作はここでもとても大切です。

さて、それでは一つのダウンボウあるいはアップボウでどれくらい長く音を延ばせるものでしょうか。いろいろな音量で試してみてください。また音が変わらないときと動くとき、また移弦がない場合、ある場合などでも試してみましょう。

いずれにしても、一つの弓で音を長く保つためには弓の分量を節約します。できるだけ弓の端から始めて最後まで使いたいものです。音の長さだけではなく、音量やその変化、移弦があるかなどを含めて、どこで長い弓が必要になるのかを見極め、弓を端へ運ばなければなりません。そしてその音またはフレーズが始まったら、序盤に使いすぎて後で困ることのないように計画的に使います。

記譜について、弦楽器の場合、スラーはボウイングを表している場合も多いですが、本来レガートやフレーズを表すものです。場合によっては途中で弓を返すこともあるというのは前述の通りです。

なめらかな弓の返しは 連続した動作から

弓を返す瞬間に音が切れないようにするにはどうすればいいでしょう。理屈からいえばできるだけおしまいまで音を保ち、弓が返った最初から音が始まるようにすることです。

しかし実際には弓が反対方向へ切り替わるのですから、どうしても一瞬動作は止まると思われます。前の項目で説明した∞記号のような動きはこの問題を解決する一つのイメージです。

さらにこのページでは、親指を中心とした指の動きによって、ひとつの弓の動く方向を継続させつつ、身体の中心から順次反対方向の動作が始まり、最後に指から弓へ伝わるというイメージを試してみます【写真4～7】。

弓を返す動作は重心の移動から始まり、腕、肘、手首、指へと順次伝達され、最後に弓が動き始めます。この一連の動きは運動エネルギーよりも位置エネルギーによるものです。そして弓が方向を変えるより前に身体の中心から反対方向への動きが始まり、次第に末端へ、最後に弓が向きを変えます。このとき、できる限り最後の瞬間まで前の進行方向を保つようにするのですが、そのイメージは釣竿を後ろへ振ってから海へ投げたときに、錘《おもり》と針が竿よりあとにS字を描いて飛んでいく感じです。最後に弓へ動きを伝達するのが親指を中心とした指の動きです。親指は基本的には伸ばして突っ張るのではなく、軽く曲げて持ちます（15ページ参照）が、ダウンのときは特に深く曲げ、アップのときはやや伸びるようになります。これは飛んできたボールを受けとめ、すぐにそのボールを再び投げ返すときの指の動作と近いと思います。受け止めるのがダウン、投げ返すのがアップです。釣竿もボールも連続した動作で、方向が変わる瞬間は最もスピードに乗っています。この動作にこそ末端のしなやかさが大切なのです。

音楽が進む方向をボウイングに反映する

音楽とは時間の経過と共にあるもので、常に何らかの変化をしています。全く変化しないまま継続する音というのは音楽ではむしろ稀です（現代の音楽にはときにわざと無機的な音の持続を要求するものもありますが）。何らかの変化（例えばクレッシェンドやモレンド）をしていく道筋を継続させるようにボウイングもあるべきです。

　ダウンとアップという二方向が音楽を支配するのではなく、音楽の進む方向が弓のダウン、アップにかかわらず尊重されなければなりません。

　長い音を伸ばして曲が終了する場合を考えます。音が強いまま終わるときは、弓が先へ向かって弱くならないように保ちますが、弓の離れる瞬間に押さないように。走り幅跳びではなく飛行機の離陸のように。また消え入るように終わるときは弓の動きが止まるまでの減速を大切にコントロールします。

　それでは【練習曲1】でこれまでのことを踏まえて表現について学んでみましょう。フォーレの《夢のあとに》はフランス語の歌曲です。原曲の言葉のアーティキュレーションと歌手のブレスを参考に、新たにチェロ用小品として校訂しました。ゆっくりのボウイングを意識しながら練習してみてください。

【写真4】は、ダウンボウの始まり。親指とともに他の指も軽く曲げ、左から右へ引く感じ。肘はやや低めです。
【写真5】はダウンボウの途中、指はまだ曲げている状態。
【写真6】はアップボウに切り替わる瞬間。身体の重心はすでに左に傾き、肘は少し高めに、最後に指が弓をダウン方向へ押し出す。と同時にアップ方向へ引き戻されます。
【写真7】はアップボウの途中。指は少し伸びて、左方向へ押していく感じです。

■音部記号について

チェロで用いる音部記号

ト音記号　（ハ音記号）テノール記号　ヘ音記号（バス記号）

■音部記号：チェロは音域の広い楽器です。もっと音域の広いピアノは高音域のト音記号と低音域のヘ音記号を使いますが、チェロはこれに加えてハ音記号を第4線に置いたテノール記号を使います。したがってチェロの楽譜ではあまり多くの加線を使いません。一般にト音記号とヘ音記号は図の位置に置かれますので記号の名称で呼ばれますが、ハ音記号はチェロなどが使うテノール記号、ヴィオラなどが使うアルト記号のようにその記号が置かれた場所によって違った名称で呼ばれます。現在使われる記号は主にこの3種ですが、古い時代の楽譜ではソプラノ記号、メゾソプラノ記号、バリトン記号などがハ音記号やヘ音記号を置く位置によって使い分けられています。

ボウイングの基礎②

【練習曲1】G.フォーレ 「三つの歌」作品7より《夢のあとに》

∨∨♫ はスラーでなく、やや押し直すように弾きます。

冒頭は静かな音色で、しかし深い音で始めます。夢の中に現れた女性（おそらく失恋した相手）の幻影を語っています。弓は1音ずつ返しますがレガートです。

3小節目の最後の音は前の音とスラーにならず、押し直します。イマージュという単語を発音するように弾きましょう。5小節目はポジションを動かさずに取ります。G線のfが沈まないように。6小節目の最後の音からのミラージュという言葉は、3小節目の最後の音からのイマージュと韻を踏んでいます。

9小節目からは彼女の美しさをたたみかけて形容します。ブレスごとに気持ちを高ぶらせます。17小節目からチェロはオクターヴ上げて気持ちの高揚を表現します。30小節目まで2人が美しい世界を浮遊するさまが描かれます。特に28小節目の三拍目から激しく感情を燃え立たせます。しかしその次の叫びは嘆きです。

「なんと悲しい目覚め！」33小節目、37小節目は長いスラーでやはり韻を踏んでいます。どちらもむなしさを感じながらディミヌエンドをしましょう。

43小節目のブレスのあとは、とても長い息で歌います。

45、46小節目は2小節のスラーですが、弓を節約して消え入るように終わります。

夢のあとに

ロマン・ビュシーヌ：詩　黒川文子：訳

君の面影に魅せられた まどろみの中で
僕は夢を見ていた、幸福を、燃え上がるような幻を。
君の眼はますます優しく、君の声は更に澄んで響き
曙の光に照らされた空のように君は輝いていた。

君は僕を呼んでいた、そして僕は地上を離れた、
君と一緒に光の方へと逃れるために。
空は僕たちのために雲のとばりを開き、
見たことのない輝き、神々しい光が垣間見えた。

ああ！ ああ！ 悲しい夢の目覚めよ、
僕はおまえを呼ぶ、おお 夜よ、おまえのまやかしを返しておくれ、
戻っておくれ、戻っておくれ、輝いていた夜よ、
戻ってきておくれ、おお神秘の夜よ!

速いボウイングと刻み

支えと脱力。速い動きも基本は同じ

細かく速く右手を動かすボウイングのテクニックと、スピッカートの基本について考えます。

速いボウイングを行うにも上腕部の支えと肘から先の脱力が大切で、このことはレガート奏法と基本的に同じです。ただ細かい動きですから全弓を使うことはないでしょう。

その場合、弓のどこを使うかは求める音量や音色によって異なります。例えばトレモロを考えます。強く激しい嵐のようなトレモロなら弓は元に近いところを使い、肘から下を大きく動かします。そよ風にそよぐ木の葉、さらさらと流れる水の音のようなトレモロなら弓先を使い、手首から先がかすかに動く程度です。いずれも腕全体に力が入ると速く動かすことは難しくなります。

では何でも脱力すればいいかというとそう単純でもないのです。強い音を出すには弦をしっかり捉える必要があります。弓もしっかり持たないと飛んで行ってしまうかも知れません。ここで考えなければならないのは部分的な脱力です。例えば弓をしっかり持っても腕全体に力が入らないようにすること、また肘から先を大きく激しく動かしても上腕部は腕を支える以上に力を入れないことなどです。

スピッカートの基本と演奏のコツ

さて、今度はスピッカートの基本的な動きに注目してみましょう。Spiccatoとはイタリア語のSpiccareという動詞の過去分詞ですが、この動詞には「跳躍する」「地面を離れる」というような意味があります。

これまで見てきた奏法では基本的に弓はいつも弦の上にありました。でもスピッカートは「弓が弦から離れる」奏法です。ここでは弦から「跳び上がる」のではなく、上から落ちて「跳ね返る」とイメージしましょう。

弓を弦から10㎝ほど離し、弓の真ん中より先に近いあたりを弦の上に落とすと、弓はボールが弾むように跳ね返ってきます【図A①】。しかし跳ね返りは数回で止まってしまいます。これを継続するには、同じ高さまで跳ね返ってくるように何らかの補助をしてやらなければいけません。弦に当たる弓の一点の動きに合わせて弓を持つ手元を上下させ、弓が平行に上下するようにしてみましょう【図A②】。

落下して跳ね返るという自然な動きに腕の動きを合わせるには、肘と手首の真ん中あたりに心棒を入れ、手首と肘の上下運動が交互になる回転運動にします【図B②、写真8、9】。この動きは、うちわを使うときに似ています。弓の動きに同調できたら弓にダウン、アップ方向の動きを加えます【図C】。ここで初め

ボウイングの基礎③

て音が出ます。つまり仮にもっと高いところから弓を落としたとしても、ダウン、アップ方向の動きが加わらなければ音は出ません（22ページの【譜例1】）。

写真8

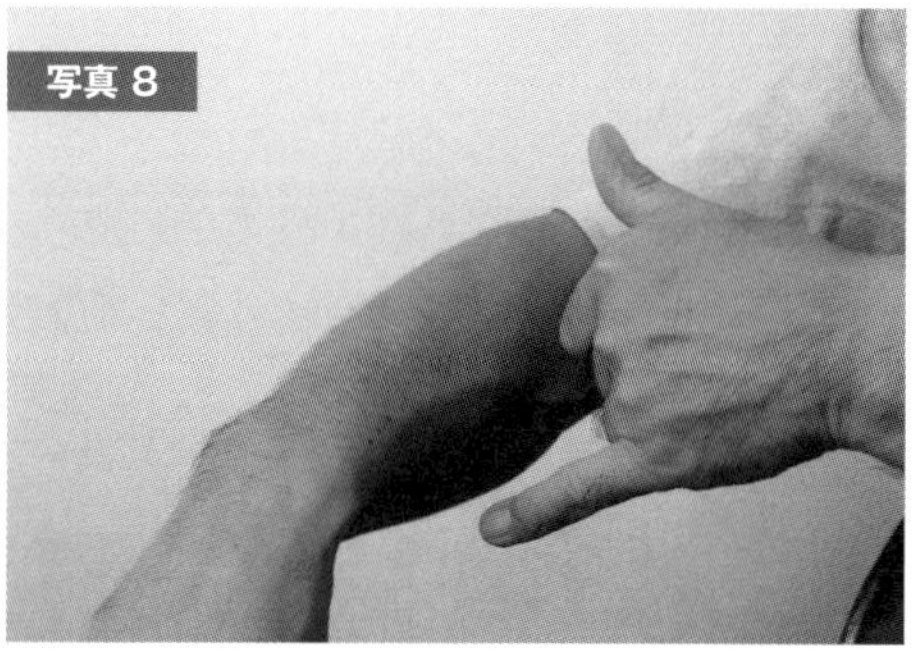

写真9

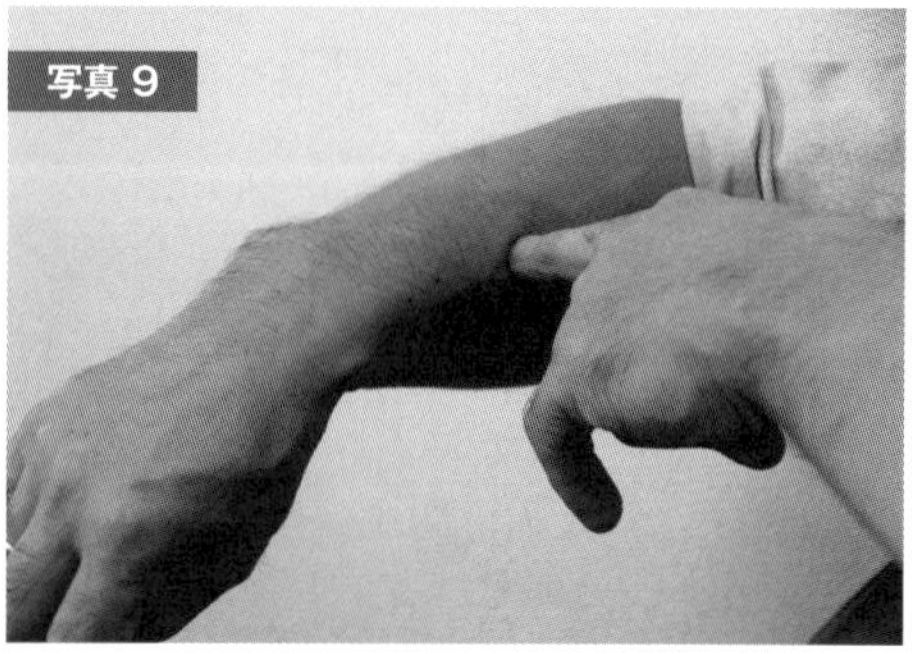

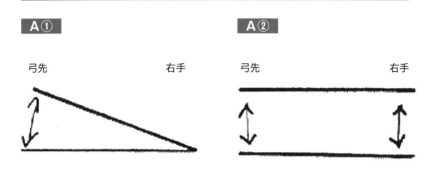

A①

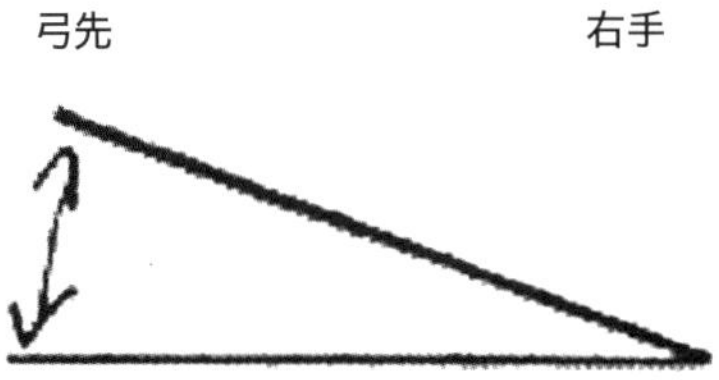

A②

B①

B②

C

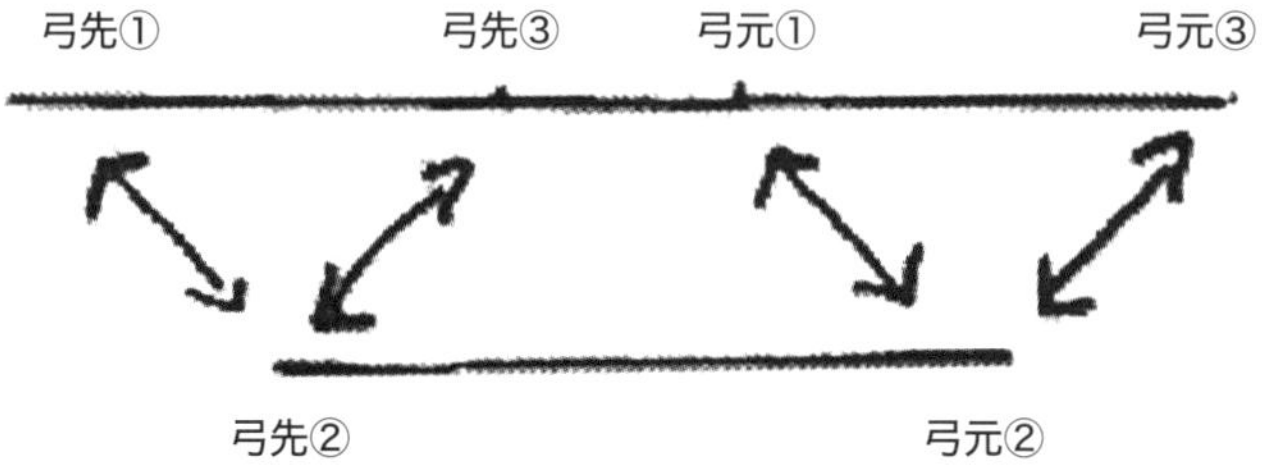

図A：弓が弦の上で弾む動き。①ではなく②のように。
図B：A②の動きの時の手首から肘の動き。①ではなく②のように（写真8、9も参考にしてください）
図C：Spiccatoの弓の軌跡

スピッカートの基礎練習

図A②：弓の弾む動きに合わせ上下させる
図B②：腕に力が入るとB①のようになり、弓の動きについていきにくい。手首と肘の真ん中あたりを中心に回転運動になるよう脱力すること
図C：A②、B②で弓の弾む動きに腕が同調できたら、弓のアップ、ダウン方向の動きを加える。弓の軌跡は平行になる

スピッカートにおける演奏のコツ

【譜例1】ブラームス：交響曲第2番第3楽章より

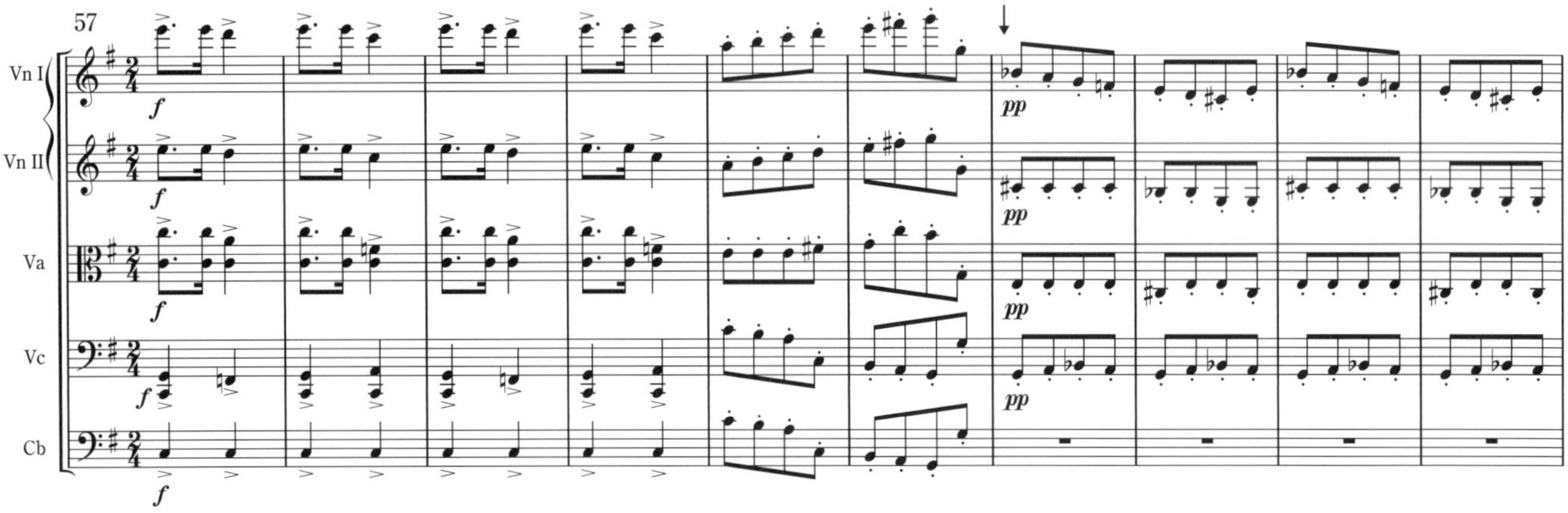

勢いよく*f*で弾いてきたスピッカートが63小節目から***subito pp***になるところ。ここは演奏が難しいのですが、音量だけが小さくなるのであって、音楽の勢いや緊張感は失いたくありません。そんなときのスピッカートは、「ダウン、アップの方向に弓が動くことで音が出るのであって、それがなければ弓を高いところから弦に落としても音は出ない」ことを思い出してください。***subito pp***になる瞬間に弓を弾ませる動きはそのままに、ダウン、アップ方向の動きだけを極端に減らせば、音楽の勢いをなくさず音量のみを落とすことができます。

チェロの〝刻み〟は室内楽の要《かなめ》

室内楽やオーケストラによく出てくる「刻み」について、モーツァルトのディヴェルティメントK・136【譜例2】を例にとってお話しします。

曲の冒頭、第一ヴァイオリンが全音符、二分音符の旋律で始まり、第二ヴァイオリン以下はD-durの和声を八分音符で刻んでいます。3小節目は第一ヴァイオリンと第二ヴァイオリンが十六分音符の音型、ヴィオラは延ばしになりますが、チェロは相変わらず刻んでいます。他のパートが大まかな、あるいは細かい音価になっても、テンポを維持しているのはチェロの刻みです。テンポだけではなく、曲の根底的な性格を刻みが表しているともいえます。

弓がきれいに跳ね返るためには、弦に当たるときの方向と角度に注意します。弦に対して垂直方向を保つことは正確な跳ね返りのポイントです。またアップ、ダウン方向の入射角は音量や音色、さらにテンポにも関わってきます。フレーズと和声を感じながらディヴェルティメントの刻みを楽しんでみてください。

【譜例2】モーツァルト：ディヴェルティメント K.136 第1楽章より

良い音を出すための右手の使い方

音はまず位置のエネルギーから生まれる

14〜16ページで説明した「弓が弦を擦って音を出す」ことについてもう少し踏み込んで考えてみます。

まず良い姿勢の基本は、上に乗るもの（腰の上に上体、首、頭）は達磨落としのようにまっすぐ重ね、ぶら下がるもの（腕）は重力に任せます。上体が傾けば支えるために力が必要になります。

次にぶらさげた腕の肘の関節に糸を結んで釣り上げるようにイメージします【写真10】。実際には糸ではなく肩の力で持ち上げていますが、釣り上げられたとイメージすると上腕や肘から先の手首、指は脱力したままになるでしょう。上腕をひねらずに肘が動ける方向は水平方向（ボウイングではアップとダウン）だけなので4本の弦に対し適切な位置へは糸で釣った腕の高さで持っていきます。

写真 10

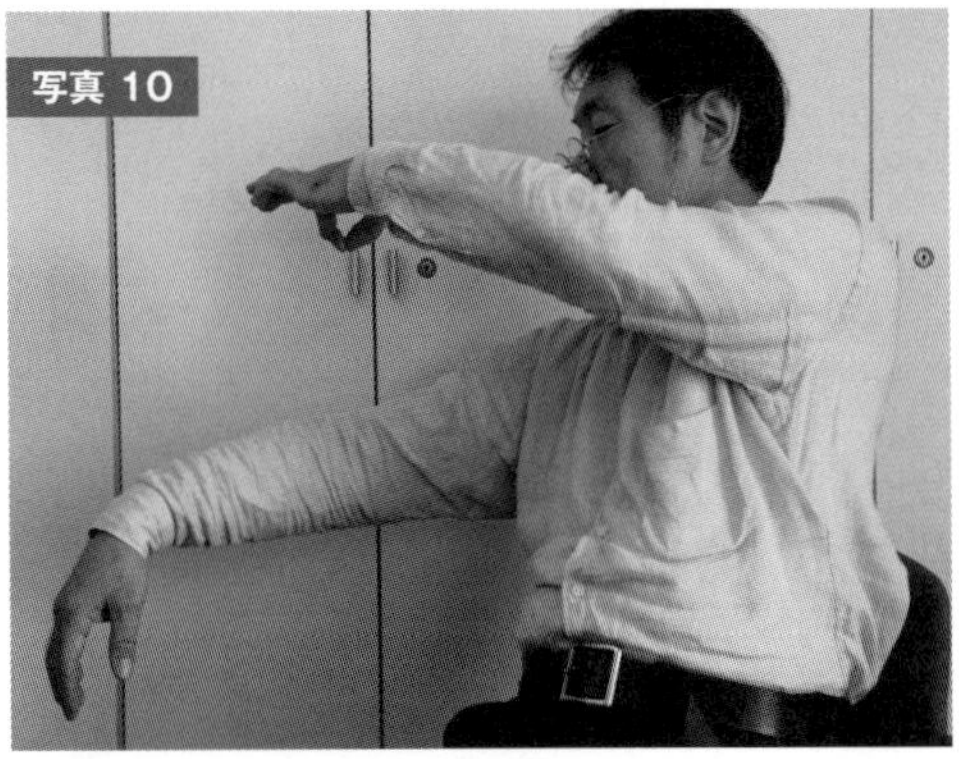

腕の肘の関節に糸を結んで吊り上げるようにイメージしてみよう。実際は糸ではなく肩の力で持ち上げているが、操り人形のように糸がついた状態をイメージすると上腕や肘から先の手首、指が脱力したままになるのがわかるはずだ

さてこの状態で身体の重心をわずかに左右に移動します。お盆の真ん中に置いたビー玉が転がりはじめるイメージです。お盆の端にぶつかる前に反対方向へ重心を移します。ビー玉の動きは平たい∞印となり、弓の動きのイメージに重なります。釣り上げられた腕は動くことのできる水平方向へのみビー玉が転がるように重心の移動に従って動きます。これらのことは位置のエネルギー（重力によって上にあるものが下に落ちようとする、あるいは転がる、流れるなど）によるものです。

弦にかかる重さをコントロールする

位置のエネルギーによって生み出された音は最も自然で、無理なく楽器が振動しています。これに運動エネルギーを加えることで音の可能性を広げていきます。ここでは位置のエネルギー（重力）に対してそれを加減する運動エネルギーについて考えます。

腕の重さを想像してみてください。実際にこの重さが全て弦にかかったら重すぎます。運動エネルギーは位置のエネルギー、つまり重力によって腕と弓が弦に乗った重さを減らすために重力とは反対の向きに働いています。前述の、肘を釣り上げていた糸が実は運動エネルギーです。

チェロに弓を置き弾いているとします。音量や音色のために適切な重さが弦にかかっています。もしもチェロが突然消えてしまったらと仮定します。このとき運動エネルギーが重力と同じ方向だったら、弓は勢いよく地面に叩きつけられるでしょう。演奏しているときの運動エネルギーは、弓がチェロに対してある深さまで重さ

*アンナ・マグダレーナ・バッハの『音楽帖』：アンナ・マグダレーナは、ヨハン・セバスチャン・バッハの2番目の妻で、歌手。先妻を亡くしたバッハの後妻として多くの子を産み、そのうちヨハン・クリストフ・フリードリヒとヨハン・クリスチャンは音楽家として名を残しました。『音楽帖』は、J・S・バッハが彼女のために、いろいろな作曲家の作品（自作も含め）を編集したものです。
J・S・バッハの《無伴奏チェロ組曲》にはバッハの自筆譜はなく、アンナ・マグダレーナの写譜が貴重な資料となっています。

がかかるようにコントロールして、重力によってそれ以上チェロに重さがかかることを制限しています。したがってチェロが突然消えてしまっても弓はある高さにとどまっています。これはちょうど腕立て伏せで腕を曲げるとき、腕の筋肉が腕を伸ばす方向に働いているのと同じです。

バッハの妻アンナ・マグダレーナの『音楽帖』*に載っているG・H・シュテルツェル作曲のアリア《あなたがそばにいてくだされば》を弾いてみましょう。言葉によってはっきりと意味を伝える歌曲を、言葉を持たないチェロで演奏する難しさ、またそこに言葉以上に歌心を伝えるチェロの表現力を発揮する楽しさをぜひ味わってみてください。

【練習曲2】G・H・シュテルツェル Bist du bei mir《あなたがそばにいてくだされば》

まず、歌詞の意味を味わってください。上記の歌詞を日本語で訳すと、『あなたがそばにいてくだされば　私は喜んで　死と私の憩いへと赴きましょう！　ああ、私の終末は何と満ち足りていることでしょう　もしあなたの優しい両手が　私の忠実な両眼を閉ざしてくださるなら』

『あなた』は神のことです。強い信仰のゆえに穏やかな気持ちで死を見つめています。

弓は重心の移動で腕が自然に滑り出すように始めます。ゆっくり弓を動かしますが、ブレーキをかけているのではなく、傾斜の緩い坂をゆるゆる転がるように、滞ることのないように動かします。歌詞には7小節目の１拍目と２拍目の間に『,』がありブレスをとるところですので、我々もそのようにしましょう。16小節目も同様です。19小節は『ああ、』と感嘆詞で始まります。この音のためには少し速い弓を使います。しかしこの感嘆詞は嘆きではなく喜びの感動を表すものなので、荒くならないこと、また『あー』とべったり弾かず、後を抜いて『あッハ』のように聞こえる工夫をします。23小節から『もしあなたの優しい両手が〜』のところです。丁寧にレガートで弾きましょう。全体に穏やかな気持ちを表す音色を目指してください

COLUMN

マエストロ・ルッチで初めてのイタリアオペラ

23歳でTuttiとして入団以来、留学で2年間席を離れましたが、副首席として再入団、のちに首席奏者となって60歳まで在籍した東京フィルハーモニー交響楽団を、2015年1月に定年退団しました。この間、多くのコンサート、オペラ、バレエ、テレビやラジオなどで演奏してきました。ことに『オペラの東京フィル』の団員として、ピットの経験を積めたことを誇りに思います。

しかし、留学以前の私はオーケストラのレパートリーもほとんど未経験で、ましてオペラについては興味すらなかったのです。東京フィルが日本でのオペラ演奏に大きな実績を誇るオーケストラだということも知りませんでした。しかし偶然とはいえ、東京フィルに出会ったことは幸せなことでした。しかも、日本にイタリアオペラを広めることに多大な貢献をした指揮者、ニコラ・ルッチさんが、四半世紀近い日本での活動に終止符をうち帰国される直前の、最後のいくつかの公演や録音に加わることができたのです。

初めてのイタリアオペラはマスカーニの《友人フリッツ》でした。ピットの指揮台に太ったマエストロ・ルッチが椅子に座って指揮をしていました。リハーサルではよく顔を真っ赤にして怒り、感情を抑えきれず指揮棒を口にくわえて両手で折ることもありました。東京フィルの指揮者用の木製の譜面台は、ルッチさんが叩くので縁がガタガタでした。激しい気性はよく我々を縮み上がらせましたが、舞台の歌手を歌わせている表情は優しく、青い眼がキラキラと輝いていたのを思い出します。音楽の随所にまだ知らないイタリアの匂いを感じた気がしました。この体験が、ウィーン留学中に80回ものオペラ通いへ、また再入団後の数多くのオペラ演奏を楽しむきっかけになったことは明らかです。

1961年2月の第57回東京フィル定期演奏会より。指揮者ニコラ・ルッチ
写真提供／東京フィルハーモニー交響楽団

《第3章》

左手について

チェロのフィンガリングはヴァイオリンのそれとは大きく違います。
ローポジションとハイポジションで使う指が違うこと、親指も使うことなど、
チェロ特有のフィンガリングを理解し使いこなしていくための手引きです。

基本の手の形をマスターする

三度までしかおさえられない チェロ特有の難しさ

チェロはヴァイオリンと同じ五度調弦の楽器ですが、1から4までの4本の指を使っても三度しかおさえることができません。音階を1オクターヴ弾くにも開放弦が使えないシャープやフラットの多い調ではポジション移動を伴う、これが4本の指で四度をおさえるヴァイオリンと比べたときの大きな違いであり難しい点です。従って基本的な手の形やフィンガリングの構造などを論理的に理解することで、少しでも合理的な左手の動きをマスターする必要があります。

私は基本の左手の形について、1から4が短三度のとき「狭い形」、長三度のとき「広い形」と呼んでいます。チェロを演奏するにあたり、この二つの手の形を正しく覚えることが大切です。

狭い形では全ての指の間が半音、これに対し広い手の形は1と2の指の間のみ全音になります【左ページ図および写真1・2】。この手の形は第1ポジションから第4ポジションまで基本的に変わりませんが、上のポジションになるほど指の間隔は狭くなっていきます。

ポジション移動の際も基本的に手の形は崩しません。手全体が狭い、または広い形のまま移動します。ただし、移動した先で広い形になるのか狭い形になるのかは考えなければなりません。また使わない指もいい加減にせず正しい場所に置いておきます。大切なことは、手の形は広いか狭いかの二つしかない、そしてその違いは1と2の指の間が全音か半音かだけということです。つまり**どの指であれどこかのポジションのある音をおさえたら、ほかの指の位置は決まるのです。**数直線上を数直線と同じ目盛りを付けたある長さの直線が移動するイメージです。

調性に対するコンプレックスを克服

次に音階の話をします。先に話したように、シャープやフラットが多く付いている調性の音階が難しい理由は、開放弦が使えないからです。まして曲となると冒頭に調号がたくさん付いていると面倒だと感じる人も多いのではないでしょうか。音階が弾ければ何でも弾けるとは言いませんが、音階が弾けなければ曲を弾くことはまず無理です。

さて、ここでは初めから開放弦を使わずに音階を弾いてみます。一般的なフィンガリングではシャープ4つのホ長調、フラット4つの変イ長調になると2オクターヴの音階を弾くときに開放弦を使いません。E-dur（ホ長調）を例にすると、C線のｅから1、2、4（広い）、G線のａから1、2、4（広い）、D線のdisから1、2、4（狭い）、gisへ移動1、2、4（狭い）、A線のcisから1、3、4（狭い）となります（30ページ参照）。このフィンガリングはどの調性でも共通して使えます。試しにC-dur（ハ長調）の音階を、開放弦

左手の基礎①

を使わずに弾いてみてください。E-durよりやさしくも難しくもないでしょう。このフィンガリングさえマスターすればどんな調性もそれ以上難しいということはないのです。音階については**《第6章》**で詳しく解説します。

■ 手の形は2つ

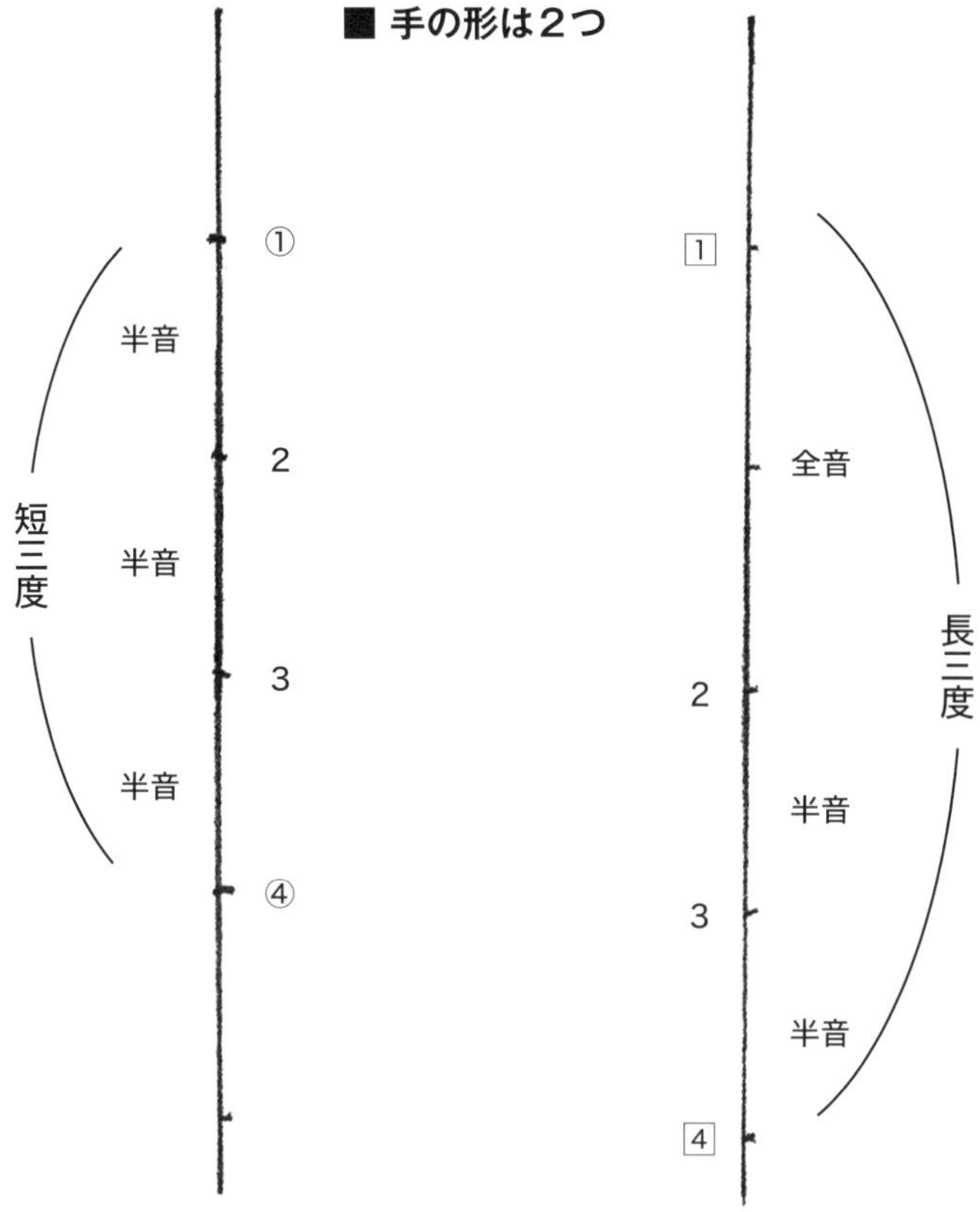

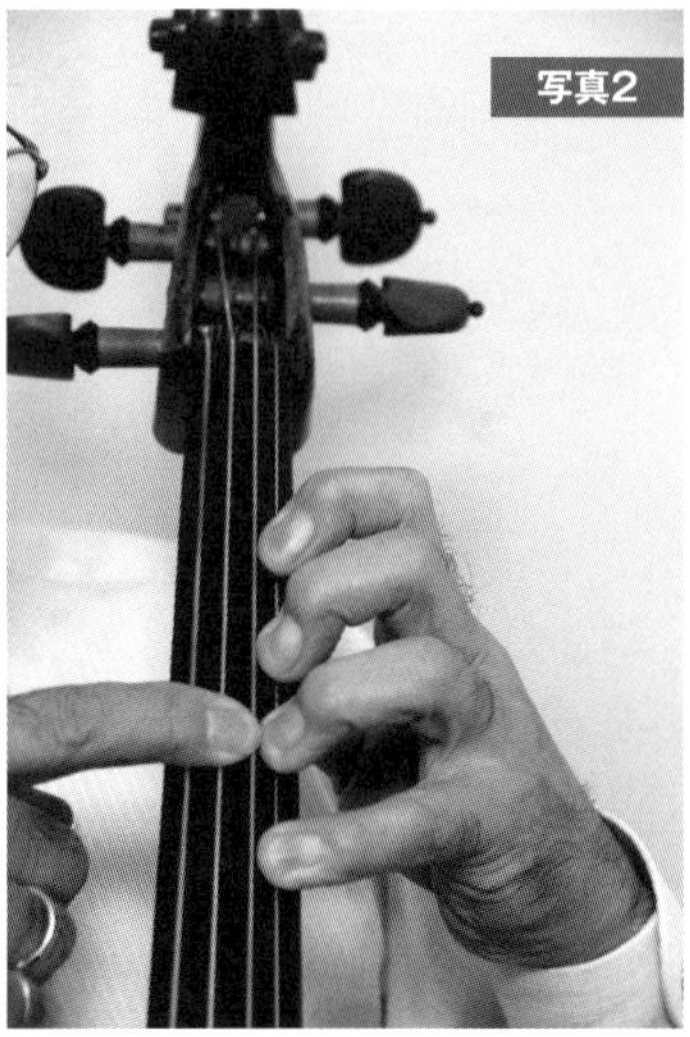

「狭い」形

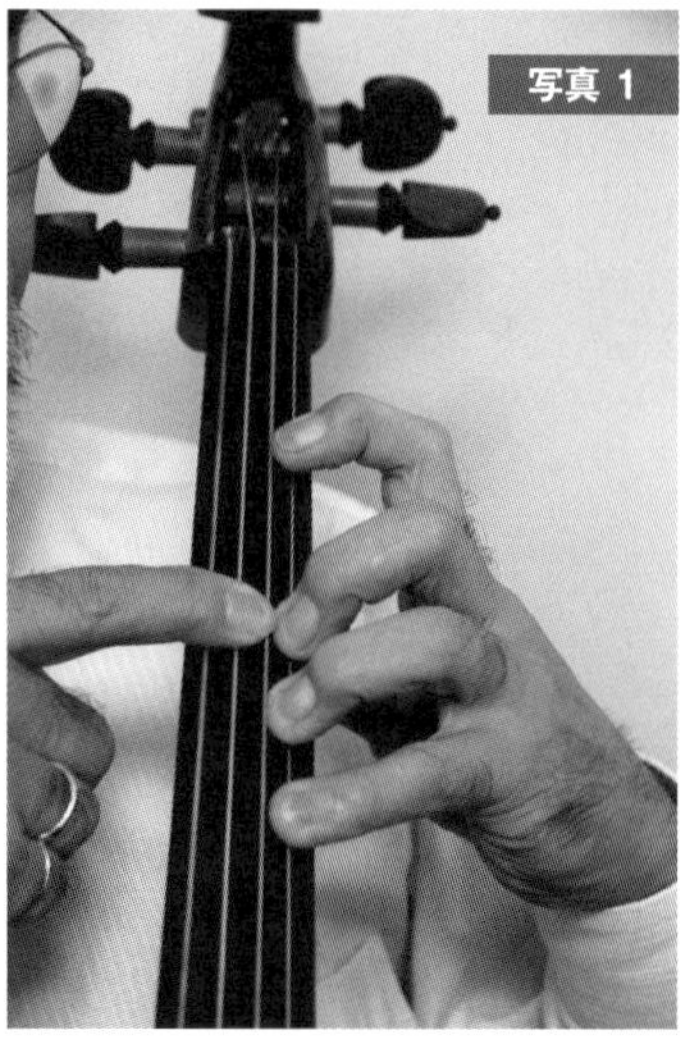

「広い」形

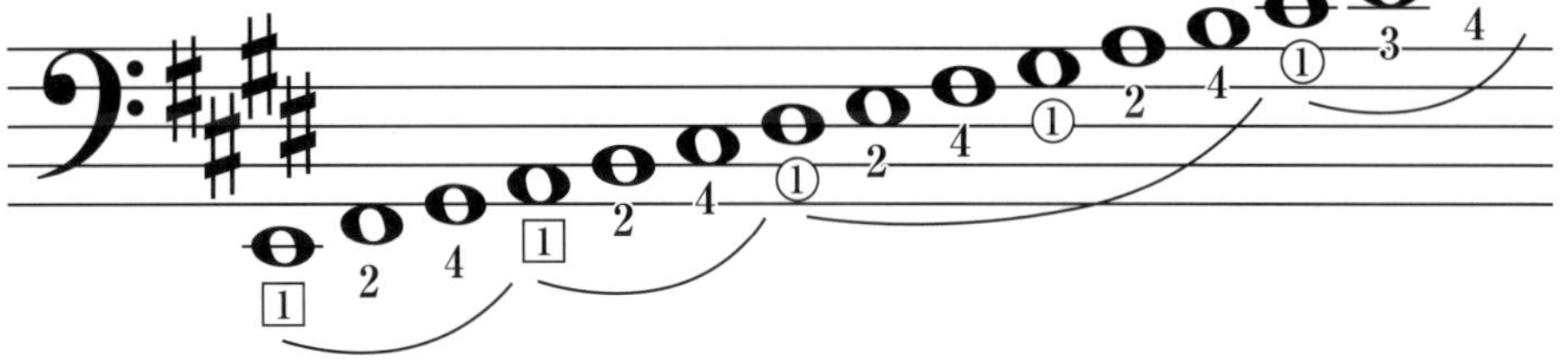

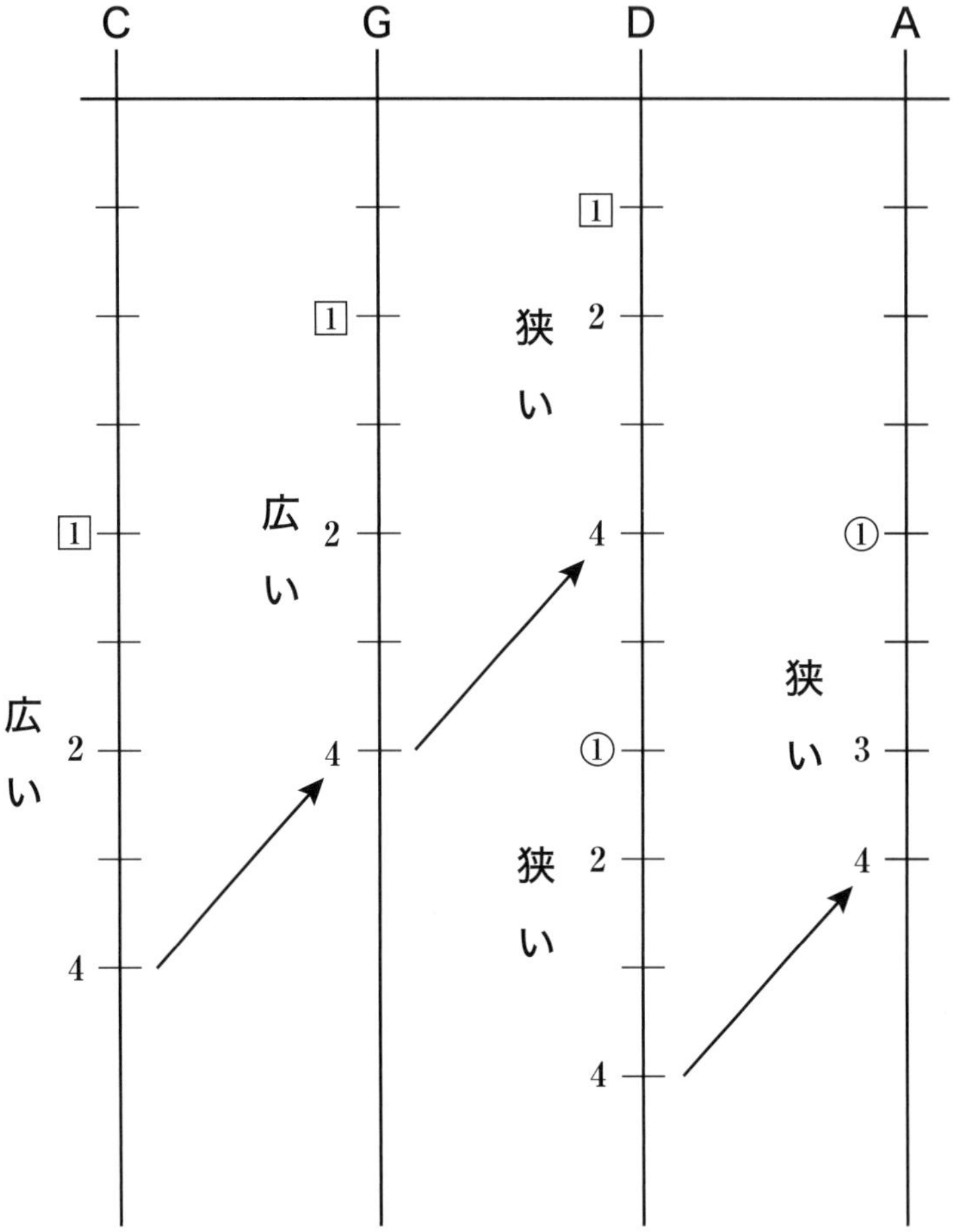

■E-dur（ホ長調）のフィンガリング
全ての長調に共通する形なので、ぜひ覚えてください。

まず、手の形は「広い―広い―狭い―狭い―狭い」です。

次に「狭い」の3回は「1-2-4」「1-2-4」「1-3-4」を覚えます。

同じ弦で上（高音）に行っても、隣の弦に移っても、考え方は共通なので、別の調性でも試してみましょう。

親指を使う手の形をマスターする

親指を使うことで広がる可能性

親指を指板に乗せた手の形について解説していきます。親指は第4ポジション以下でも使いますが、ここでは使う機会の多いハイポジションを例にします。

これまでお話ししてきたフィンガリングでは、人差し指から小指の4本の指を使って三度までをおさえました。五度調弦のチェロは音階を弾くにも開放弦の使える調性かそうでないかで難しさが違うことから、開放弦を使わない音階のフィンガリングをマスターする必要がありました。しかしハイポジションでは親指を使うことで、あたかも開放弦ごと移動させて、すべてを第1ポジションで弾くかのように考えることができます。

短三度の「狭い形」、長三度の「広い形」を思い出してください。ハイポジションではこれまで4本の指で作った手の形を小指以外の3本で作ります。

「狭い形」の1・2・4は1・2・3になり2・3が全音幅、1・3・4の場合は1・2が全音幅になります。また「広い形」の1・2・4は1・2・2・3ともに全音幅になります（【写真3～5】）。4の指を使うこともありますがここでは省きます。

■ハイポジションの手の形

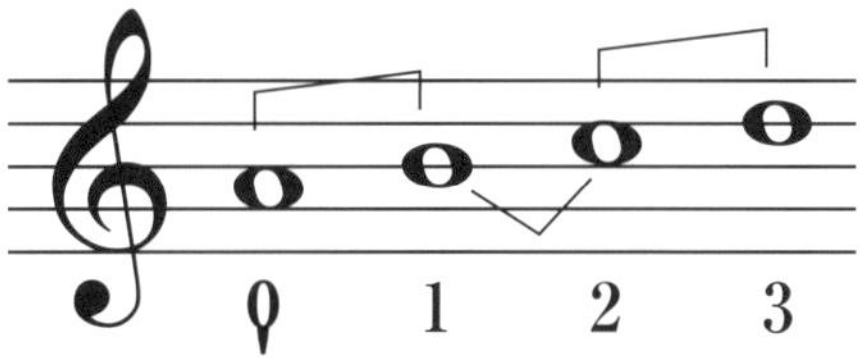

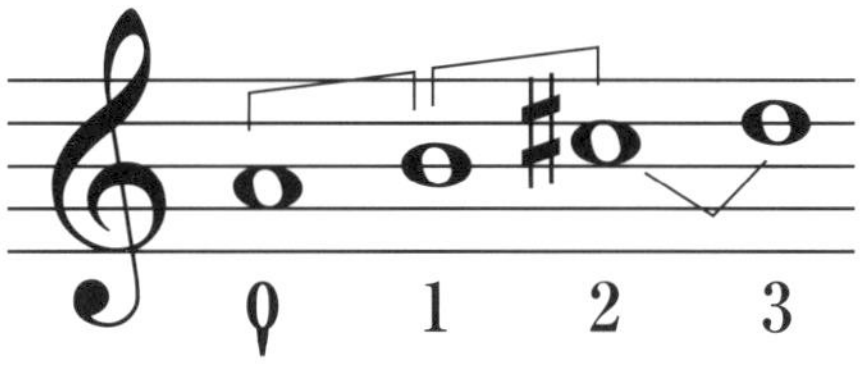

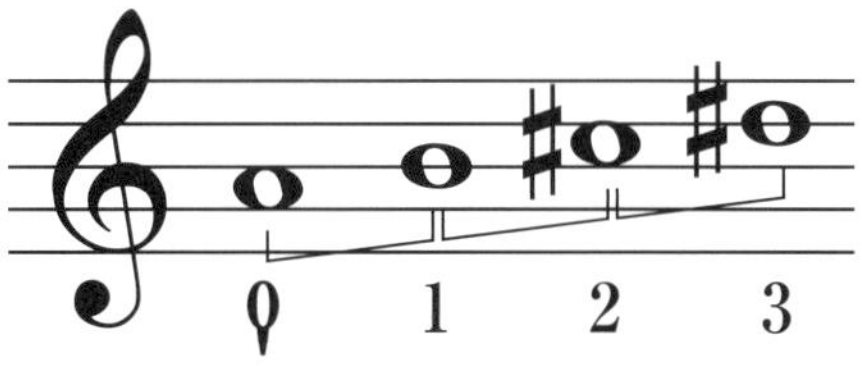

└─┘ 全音　＼／ 半音

※ 親指記号 について
親指を指板に乗せて弾くときの記号です。

■ D-durのスケール

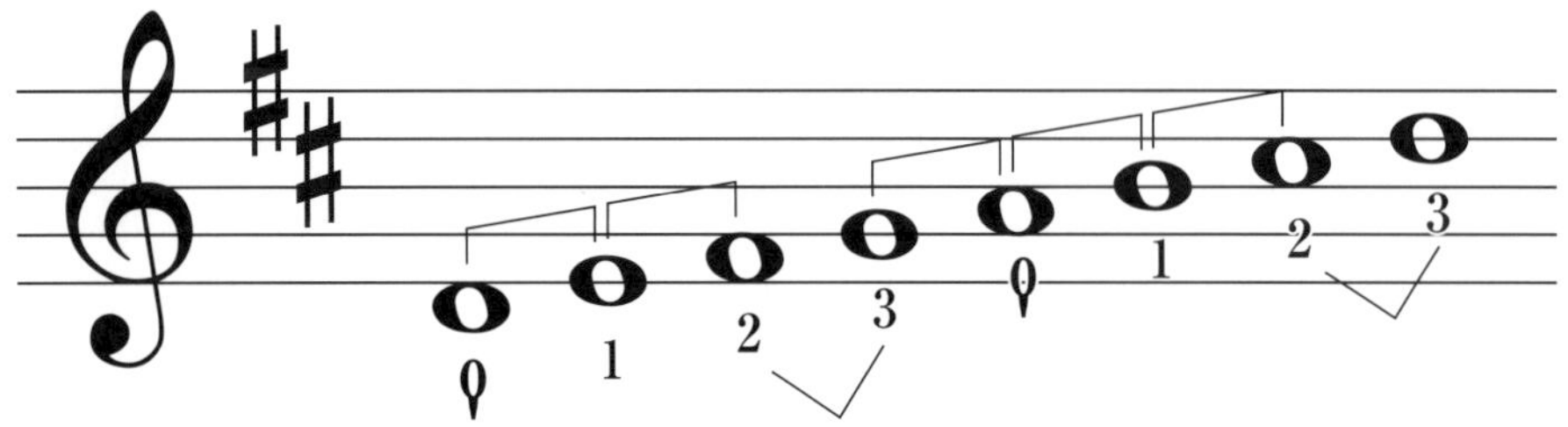

親指は開放弦と同じと考える

　それではD-durの音階をD線とA線を使って弾いてみます。第1ポジションでd-e-fis-g-a-h-cis-dのフィンガリングは0-1-3-4-0-1-3-4です。次にD線とA線の弦長の半分のところ（フラジオレットでオクターヴ上の音が出るところ。11ページ参照）に親指を乗せます。D線上でǫ-1-2-3がd-e-fis-gを押さえると2-3が半音になります。同様にA線上でa-h-cis-dを押さえると、第1ポジションで弾いた音階の1オクターヴ上の音階になります。この時の手の形は最も基本的なものですのでぜひ覚えましょう【写真6】。

　この形を崩さずに移動するのが基本で、どの調性も同じように弾くことができます。ただしポジションが高くなるほど指の間隔は狭くなります。

　実際に弾いて確かめましょう。D-durではD線の弦長の半分のところに親指を置き、フラジオレットで第1倍音（開放弦の1オクターヴ上）からの音階を弾きます【写真6】。今度は弦長の1／3の場所（2か所あるうちの駒に近い方）に親指を置きます。第2倍音（開放弦の1オクターヴと五度上）から、つまりA-durの音階を弾きます。同じフィンガリングですが、オクターヴの幅がかなり狭いことがわかります【写真7】。

　はじめのうちは指の長さが余って押さえにくいと感じるでしょう。指がオーバーハングしてうまく押さえられないときは、できるだけ掌の内側の空間を広く（おにぎりを作るように）してみましょう。指はしっかりおさえようとして逆につぶさないように、軽く弦に触れるくらいから少しずつおさえていきます。弦がちゃんと指板につくまで徐々に指に力を加えますが、形が崩れたらやり直してください。

　また爪が縦長の方は、きれいに切ってあっても指板に当たってしまうでしょう。少しずつおさえる練習を重ねて指先に厚みが付くと爪も当らなくなりますが、正しくおさえなければ正しい場所に厚みはつきません。

ハイポジションの譜例

　アントニオ・ヴァンディーニのソナタへ長調を取り上げます。A-B-A'のわかりやすい曲構成で、軽妙な楽しい曲です。ハイポジションは2か所、同じ動きがC-durとF-durで書かれています。24小節から16分音符の分散和音が始まりますが、2小節目の和音（F-G-H）はおさえにくいです。3の指が2の指の邪魔をしないように工夫が必要です【写真8】。

D-dur

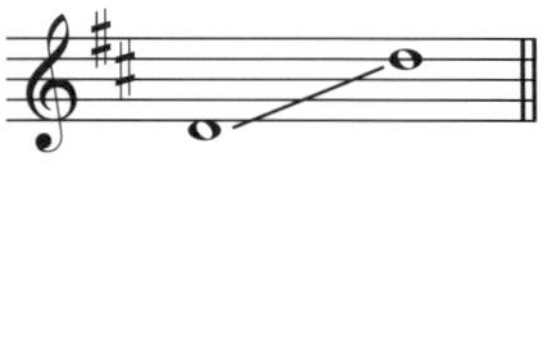

写真6

ハイポジションのときの基本の手の形

写真7

ポジションが高くなると指の間隔は狭くなる

A-dur

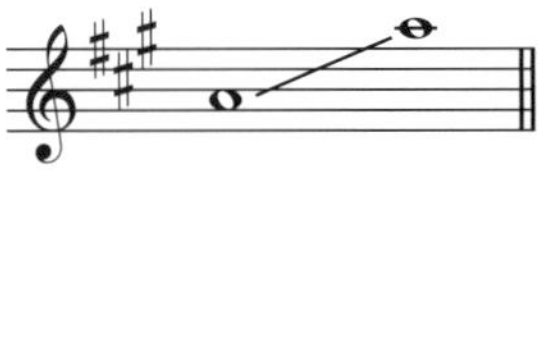

左手の基礎②

【譜例3】アントニオ・ヴァンディーニ：ソナタ ヘ長調

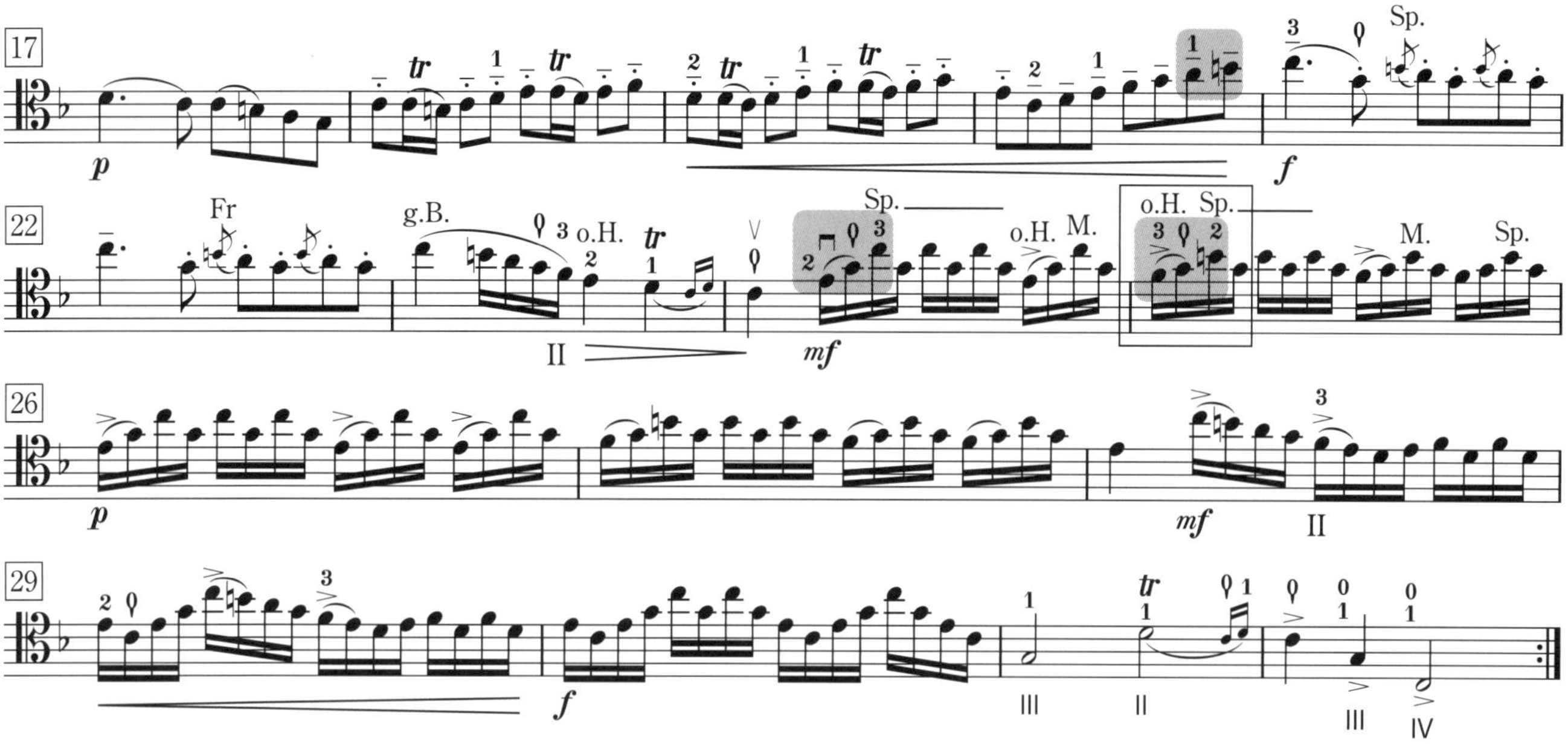

ヴァンディーニのソナタを初めて弾いたのは高校生の頃です。偶然楽譜を手に入れ、何かの折に学校でやはり音大を志望していた友達と弾きました。留学中に先生から与えられ再び勉強した時には、明るく軽やかで全く違う曲のような印象でした。

最初の3音は爽やかに力強く、続く旋律は優しく、そして4小節の終わりのcresc.から5小節に冒頭のテーマが引き出されると、今度はさらに上行して華やかさを増します。コントラストに富んだすてきなテーマです。15小節からC-durの新しいテーマが2+1+3小節のフレーズで高いCに達すると、鋭い装飾を伴ったピークと華やかな分散和音が続きます。C-durの１オクターヴの中に入る音だけですので、解説をもとにして親指を使い練習してみましょう。中間部は優しく歌う部分と対照的に力強い三連符の部分からできています。再現部は第2テーマ以降がF-durになっているだけです。

譜例のソナタの25小節目の分散和音のf-g-hは、指の置き方に工夫が必要

ポジション移動の技術

チェロのポジション移動の考え方

チェロは基本的にヴァイオリンなど他の弦楽器と同じ原理で音を出し、左手の指で音程を変化させて演奏しますが、楽器が大きいことで難しさも格別と言えるでしょう。ポジションの移動距離があるのに楽譜はヴァイオリン並みに細かい音符が書かれています。でもチェロの美しい音色、広い音域、豊かな表現力は他の楽器にはない大きな魅力です。ここでは難題のひとつ、ポジション移動の有効な練習について考え、的確な技術習得を目指します。

手の形を崩さずに移動する

遠くへ行くほど細くなる目盛りの付いた直線上を、幅を変えられる目盛りのついた定規を滑らせると考えてみます。目盛りの付いた直線は指板、定規は左手です。大切なことは、定規の目盛りはその一つを直線上の一点に合わせた時、他の点も直線上の目盛りの上にあるということです。手の形を崩さず移動し、且つそのポジションの目盛りの幅に合わせるということです。また移動した先で手が「広い」か「狭い」のどちらの形になるかも大切なポイントです。

チェロは**親指も指板に乗せる**という、ヴァイオリンなどと違う押さえ方のために、どんなに高い音域に移動しても基本の形を変える必要がありません。ヴァイオリンやヴィオラは高いポジションでは親指と他の指が離れてとても押さえにくそうに見えます。その点チェロのハイポジションは自然な手の形を保つことができ、ただとても細かくなることだけは注意が必要ですが、押さえやすいと思います。

移動の仕方は二つ

【譜例1・2】はともにeからhへ、【譜例3・4】では移弦を伴う動作でC-durではeからfへ、E-durではeからfisへ変わるところでポジションが移動します。C-durの2つの例は、ともに1の指がgへ移動し、E-durの例ではgisへ移動しますが、前後の関係から手の形は【譜例1】のC-durでは「狭い」から「広い」へ、【譜例2】のE-durでは「広い」から「狭い」へ変化します。また【譜例3】のC-durでは「狭い」まま、【譜例4】のE-durでは「広い」から「狭い」となります。

1の指で移動し、手の形に従って目的の音を取ります。これらのポジション移動はポルタメントを入れずに次の音へ移動する場合に使います。

♪

次に移動距離が比較的遠くの音にポルタメントを伴って移動する場合です。到達点で押さえる指ではじめから移動します。「下手な鉄砲も数撃ちゃ当たる」かも知れませんが、これでは肝心なときに当たる確率は低いです。むやみに外れを繰り返さず、ゆっくり間の音を聞きながら移動して、その音に到達したところで止める練習をします。まず取るべき音程をしっかり知っておくこと、例

良いでしょう。大切なことは外す練習をしないこと、ゆっくりでも当てることだけを練習し、だんだんに時間を詰めていきましょう。

準備は早く、それから音を出す

準備が完了してから音を出す、この手順がポジション移動のとき、また移弦のときに大切なことです。前の音が終わると同時に左手は次の音のポジションへ移動して手の形を整えて弦を押さえ、右手は次に弾く弦へ移動して弾き始める弓の位置を弦に付けて待ちます。この二つの動作を「同時に、正確に」、「速やかに」、行わなければなりません。練習では「同時に、正確に」を第一にゆっくり行います。準備が完了、確認できるまで次の音は出しません。確実に手順が踏めるようになってから、徐々に「速やかに」できるように練習します。動作の連携がとても大切です。準備が完了していることが確認できてから弓を動かすことを徹底します。

ポジション移動の上達には多くのパターンを確実に練習することが必要です。そのために昔から使われてきたエチュードですが、『ドッツァウアーの113の練習曲』の第1、第2巻は良いと思います。親指を使う以前のポジションの練習に良い例がたくさん載っていますので、有効に利用されることをお薦めします。

またこのような基礎の練習にバッハの無伴奏組曲を使って悪いことはありません。この本でもいくつかご紹介していますので、是非、名曲からも学んでください。

【譜例1】
C-dur

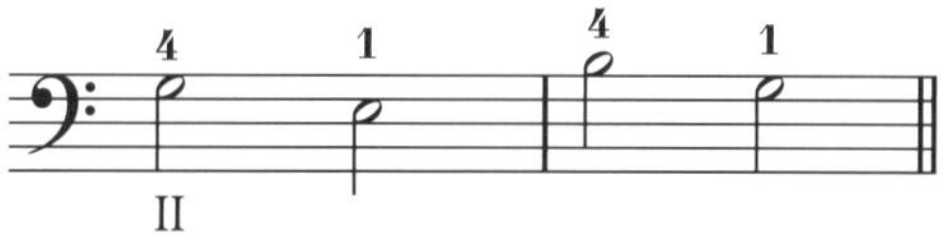

【譜例2】
E-dur

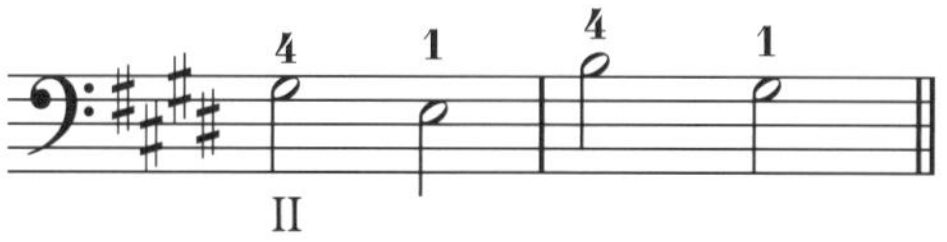

【譜例3】
C-dur

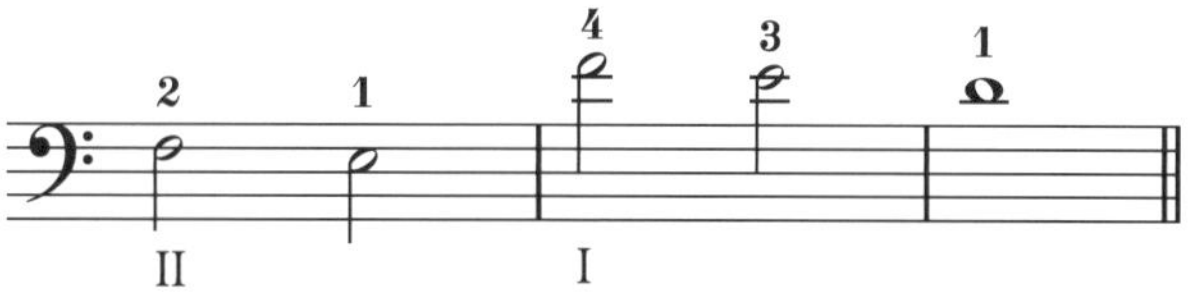

【譜例4】
E-dur

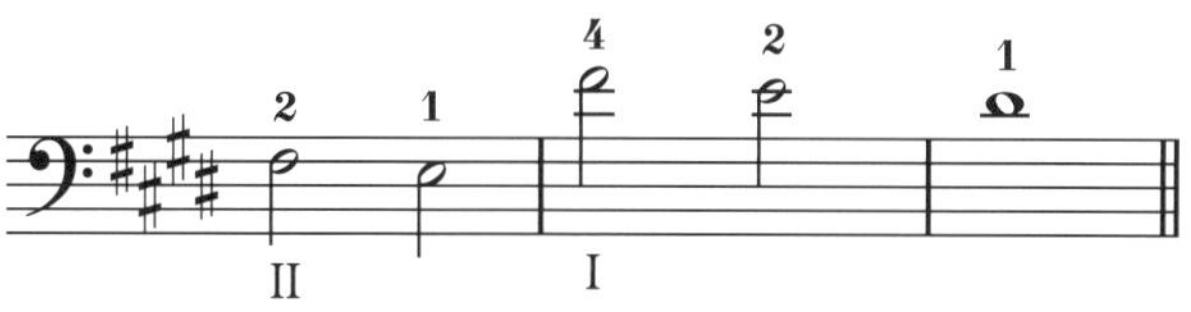

良い音程を作るために

ウォーミングアップ
共鳴する音を聴き、耳を鍛える

「楽器が鳴る」ためには正しい音程が必要不可欠であり、楽器が良い状態で鳴っていれば、それは音程が正しいということの証《あかし》と言えます。では「楽器が良い状態で鳴っている」とはどのような状態なのでしょうか。

まず楽器の共鳴を実感してみましょう。例えばC線上でdを出してみます。音程が正しければD線が共振します。またA線も一緒に共振していて、共鳴した二つの解放弦の音（d、a）が聞こえるでしょう。またG線でcを出してみるとC線が共振しますが、弦長の半分ずつ二つの振幅が目で確認できます。この場合聞こえる共鳴は弾いた音と同じcです。次にG線で真ん中を軽く触れgを出してみます（フラジオレット）。するとC線が共振しますが、振幅は1／3になっているのがわかります。これは弦長の1／3が1オクターヴと五度上の音にあたり、共鳴しているのです。これを利用したチューニング方法があります（11ページ参照）。このような倍音関係はたくさんあって、開放弦が共振することで弾いていない弦の共鳴を聴くことができるのです。様々な共鳴を引き出すことで楽器の鳴りそのものも良くなります。これはほんの一例ですので、ほかにも共振する音を探し共鳴する音に耳を傾けてみてください。

絵を描くような感覚で音のイメージを持つ

近年ではチューナーも性能の良いものがあって、便利に使えるようになりました。でも実際の演奏中にチューナーを頼ることはできません。頼れるのは自分の耳だけです。自分で音程を判断しなければならない声楽や楽器の場合、優れた音感を育てる努力は、何にも増して必要なことです。

例えばC-durの音階を弾きます。最低音のcからオクターヴ上のcまでに開放弦は二つ（c、g）、ほかに共鳴を確認できる音が三つ（d、a、c）あります。これらに含まれないeはG線の開放弦と短三度、fはcと完全五度、hも短三度上にD線の開放弦のdがあり、各重音を聴くと音程は見つけやすくなります。

和音の中に正しい音程を入れるのは気持ちの良いものです。例えばG線とD線の開放弦を鳴らしながら自分の声でhを出してみます。きれいなG-durが響きますか？ うまくいったら今度はbにしてg-mollを響かせましょう。

このようなトレーニングはいずれも何かを指標として取るべき音程を探す練習です。動かない音＝開放弦を頼りに間を埋めるように音をイメージしていくこと、またハーモニーの中に心地よい居場所を見つけること、そして楽器が鳴っている状態を実感することで正しい方向へ近づくことができるのです。

【練習曲3】ラフマニノフ：ソプラノまたはテノールのための「14の歌曲集」作品34より第14番《ヴォカリーズ》（チェロ版）

左手の形を保ちながらポジションを移動するテクニックの練習は、まず順次、隣のポジションへ移動することから始めましょう。ラフマニノフの「ヴォカリーズ」は歌詞のない声楽曲ですが、チェロの小品としてもよく演奏します。この冒頭はちょうど良い練習になります。

第1小節目は第4ポジションで狭い形、第2小節目で4が半音ポジションを下げると同時に広い形になります。第3小節目では4が全音ポジション移動して第2ポジションで広い形、第4小節目でさらに4が全音移動して第1ポジションに来て狭い形です。ここではすべて4で下方移動ですから手の形を保ちやすいでしょう。上方移動の例では第8小節目、第2ポジションの狭い形から1を半音上へ移動して第3ポジションで広い形、第9小節目では第1ポジションへ降りて狭い形から第4ポジションへ上がって広い形になります。ヴォカリースはたいへん美しい曲なので、レガートの練習も兼ねて、無駄のない左手の動きをよく練習してください。

COLUMN

イタリア語で文章を書くこと

ちょうど10年ほど前、私が属していた東京フィルハーモニー交響楽団に、サンタチェチリアのオーケストラのチェロ首席奏者、ルイジ・ピオヴァーノさんがゲストでしばしばお見えになりました。当時我々の指揮者だったチョン・ミョンフンさんが信頼するチェリストで、ソリストのほか、ゲスト首席としても我々と同じ席に加わってくださったので、彼と話がしたいとイタリア語の勉強を始めました。1年ほどラジオの講座で独学し、それからネットで見つけた教室に通い始めました。数年して教室が閉じたのをきっかけにそこで習っていたジェノヴェーゼ（ジェノヴァ出身）の先生に個人的に習い始め、そこで主に文法と読むことを学ぶうちに、何か書きたいと思うようになりました。

最初のうちは新聞記事の要約をイタリア語にしたり、ごく短いエッセイを書いていましたが、あるとき庭に出入りする黒い野良猫を主人公にした物語を書き始め、20話ほどの短編ができました。4年ほど前のことでした。

庭は、2011年の震災で仕事が軒並みキャンセルになり、ひと月ほど暇になってしまったときにふと思い立って、土を掘って池を造ったことがきっかけで、以来楽しみになっています。池のほか、道を作り、起伏を作って川を流しました。植物はもっぱら自然に任せて、ドクダミやシダなどが幅を利かせていますが、春にはスミレが咲き、フキノトウや山椒が食卓に香りを運び、夏にはミョウガが素麺の薬味になります。毎朝小鳥たちが餌を食べ、水浴びをしに来ます。それを狙って例のガットネロ（黒猫）が草藪に潜んでいますが、小鳥たちは目ざとく彼を見つけ、木の枝や屋根の軒から見下ろして降りてきません。木陰の心地よさと勝手に増えたミントの香りが彼の眠気を誘い、獲物を待つうちに居眠ってしまいます。そんな日々の情景が物語になります。髭のチェロ弾きの想いをガットネロが代弁し、小鳥は物知りの古木から話を聴きます。すべてのものはその記憶とともに土に帰り、古木は土からすべての過去を知ることができるので、髭のチェロ弾きも知らない戦争の時代のことも語ってくれるのです。

この物語は今年再編して少し短く詰め、代わりに続編のような話を書き足しました。日本語も併記していますが、できるだけイタリア語の和訳の体裁を保つようにしています。他にも、我が家の大切な家族だった2頭の犬の話や、切り倒された柿の木の話など、多くは身の回りの日常をテーマに今も書いています。日常を見つめる目と、そこから物語を創造する心は、私が音楽をする上でとても大切な役割を担ってくれていると思います。

《第4章》

チェロを響かせるための身体の使い方

楽器を響かせるためにはどのように身体を使い、
どう楽器にアプローチしていったら良いかを考えてみます。

チェロを響かせるための身体の使い方

脚、腕、指先、表情までリラックスが基本

演奏とスポーツには身体の使い方に共通点が多く見られることは《第2章》**右手について**でもお話ししました。ここではあらためてリラックスということを考えてみたいと思います。状況に対応できる瞬発力やバランス感覚、無駄な力を抜くこと、呼吸との関わり、正しい姿勢と柔軟な身体は演奏にもスポーツにも大切な基本です。

チェロは座って演奏しますので、まずは座り方について考えてみましょう。「立つ」ときは体の中心線をまっすぐに、足の上に順次下から頭のてっぺんまで積み重ねるように、さらに頭のてっぺんから上に引っ張られるようにイメージします。「座る」ときも上体は同じですが、椅子に腰を掛けることで腰から下の部分はぶら下がるように力を抜きます。これは乗馬の基本姿勢と似ています【写真1】。肩の力を抜き、同様に脚も踏ん張らないようにします。楽器を構えたら身体を楽にして肩を落とし、腕で楽器を抱え込むようにしてみましょう【写真2】。気持ちも何だかリラックスした感じになったでしょう。

リラックスした座り方ができたら、ボウイングについて考えてみます。

肩から腕、手首、指先と末端に行くにつれて柔らかくしなやかになります。調教に使う鞭や釣竿のように感じてください。弓はお盆に載せたビー玉がお盆の傾きで転がるように、基本姿勢でまっすぐだった上体の重心をやや傾けたときに自然に動き始めます。弓は握りしめず、親指と中指で作った輪に乗せ、ほかの指を軽く添えます。弓の進む方向を定めてその遥かに延長線上を目標にします。弓が滑り落ちないためには進む方

乗馬のときの基本姿勢。肩の力を抜き、脚も踏ん張らないようにする。チェロを構えるときも同様に、余計な力を抜くこと

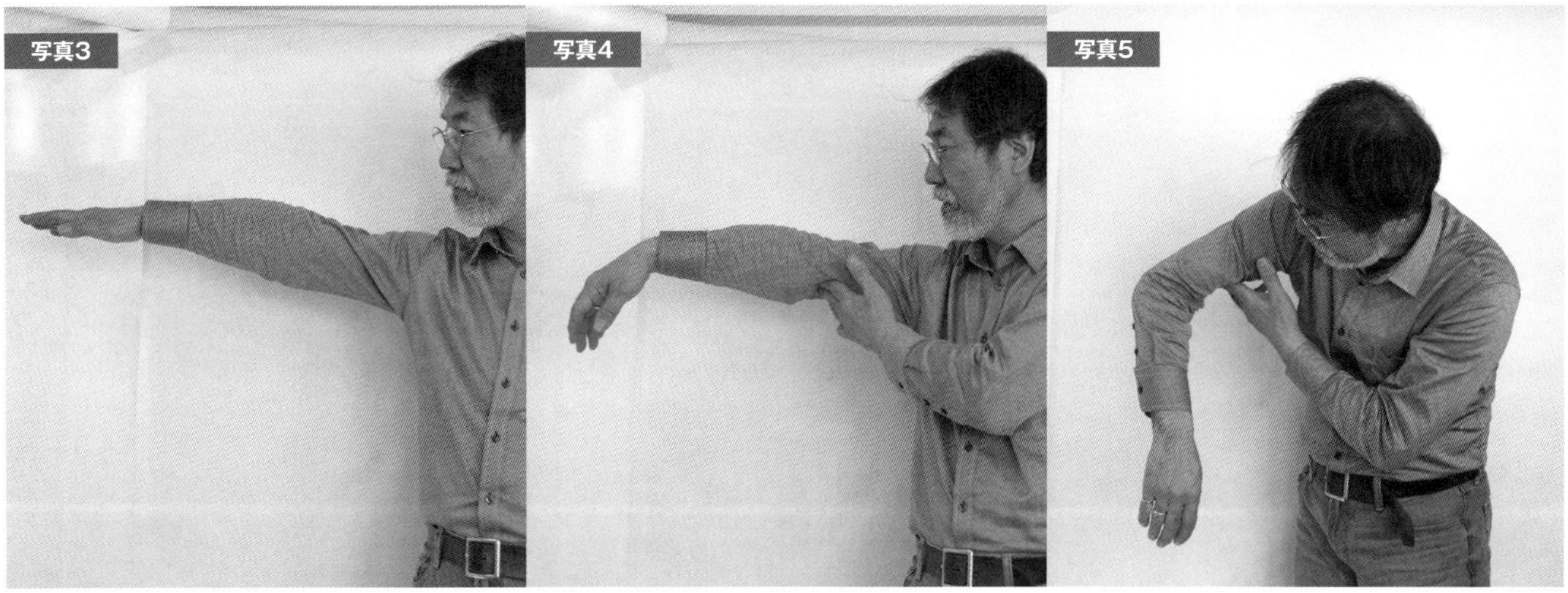

［写真3］は指先まで力を入れた状態、［写真4］は右腕を左手で支えて脱力している。手首はぶら下がるが、肘は変わらない。［写真5］では体を傾け肘もぶら下がり、脱力していることがわかる。揺らせば糸につけたおもりと同じ動きをする

【おもりの動きの図】

ボウイングで腕の動きを弓に伝えるには「糸につけたおもり」のイメージを持つとわかりやすい。

手の動きの大きさや速さによっておもりの動きが変わる

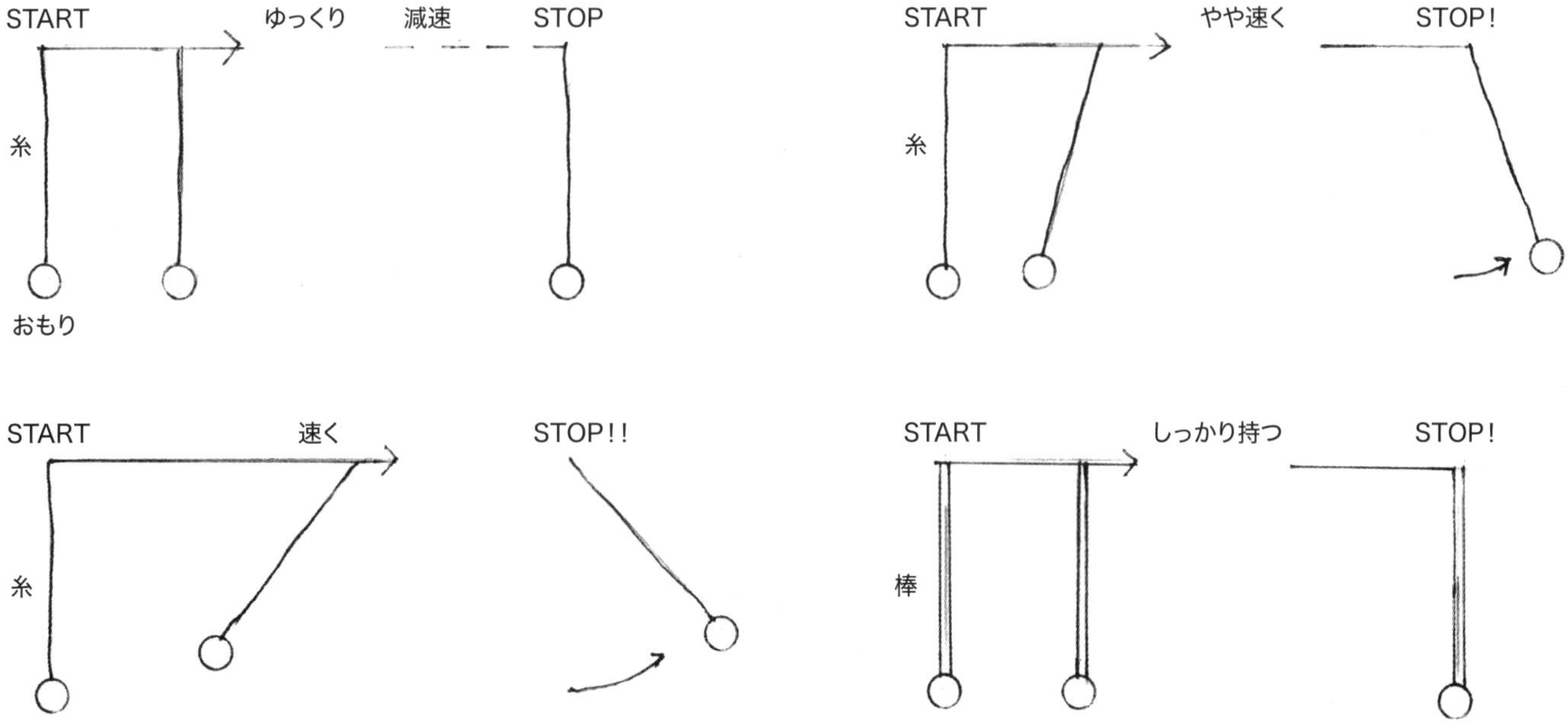

「脱力」の思い出

私の大学時代、東京芸術大学の野口三千三《みちぞう》先生の体操の授業で脱力の大切さを学びました。体の各部分が下の部分の上にまっすぐ乗ることで、支える力無しで立つ姿勢を作り、今度は上体をわずかに前傾して上体を前に「落とす」ことで、完全な脱力の感覚（ぶら下がり）を体感しました。またリラックスすることで空気が体の中をスムーズに通るような感覚が心地よかったです。

向を選ぶということは15ページでお話ししました。

このように力ではなく位置のエネルギー（↓24ページ）を使った動きを実現するには、高い方から低い方へ自然に転がろう、流れようとする動きを妨げないこと、しかしあたかもそのものの意思で動いているかのようにその動きの方向やスピードをコントロールすることが求められます。頭からの指示は身体の中心のわずかな動きとして始まり、末端へと伝えられる過程で大きな動きになって現れます。このような伝達に大切なしなやかさは脱力から生まれます。ボウイングでは右の肩から指先までが伝達の役割を担うので、その部分の脱力が重要です。

右腕の脱力は「糸につけたおもり」のイメージを持つとわかりやすいと思います。糸の先におもりをぶら下げて指で持っています。ゆっくり動かすとおもりは手と同じ動きでついてきます。ゆっくり止めるとおもりも止まります。少し速く動かすとおもりは遅れて動き、止めると進行方向へ振れます。もっと速く動かすとこの動きは大きくなります。もし糸ではなく棒におもりを付けしっかり持っていたらこの動きは違ったものになります【おもりの動きの図】。身体の中心から出た動きの指示が肩、腕、肘、手首、指、弓へと伝わるので、すべての部分が伝達を妨げないことを考えます【写真3～5】。

次に左手についても考えてみましょう。チェロは大きく弦も太いので、しっかり押さえようとすると身体全体に力が入りがちです。腕を指板へ持ってきただけで力んでしまわないように、【写真2】のような最初のリラックスした姿勢を思い出しましょう。誰でも人間の手は初めからチェロをおさえるようにはできていません。最初のうち指が開きにくいのは誰でも同じです。無理をせず、ゆっくり手の形を作っていきます。弦を押さえるのは指板の上側の指と親指でネックを掴んでいるのではありません。チェロのハイポジションでは親指も指板の上に乗せることになります。この時と同じで、腕からの重さが指先に乗るのです。

身体を自然体にするには表情をこわばらせないことです。顔がこわばっていると、呼吸が浅くなり、そこから身体の硬直にもつながります。楽しい顔をしてチェロが弾けるように、表情からもリラックスすることを目指しましょう。

自由で豊かな音楽的表現ができるためには、このような心身のリラックスが大切だと考えています。どうぞ皆さんも演奏することが苦痛ではなく、心地よいものとなりますようにリラックスを心がけてください。

ベートーヴェンのソナタ第3番を課題に、楽器を響かせる身体の使い方を練習してみましょう。基礎講座としてはレベルの高い曲ですが、今回のテーマ、体の使い方の例として3か所取り上げてみました。

第1楽章冒頭【譜例1】はまさしく呼吸、重心の移行、身体の中心から末端へのしなやかな動きという動作の連携からその表現が生まれます。腕や手先の力だけで弾こうとすると音は潰れ、伸びやかなレガートの表現もできません。まずは第1音がスムーズに始められるように体の使い方を実践してみましょう。4小節4拍目の前で小さくブレスをします。6小節からの持続音はピアノの高揚に沿うように、無表情にならないようにしましょう。25小節でピアノがテーマ、27小節【譜例2】でチェロが引き継ぎます。フォルテの音は、無理に力まず、弓が確実に弦をつかむように発音しましょう。スフォルツァンドは弦をえぐる角度を少し深めに、早い弓で強調します。強調するのは前打音ではなく、四分音符です。第3楽章冒頭【譜例3】はピアノが旋律、チェロはオブリガートです。お盆の上のビー玉が転がりだすイメージで弓を動かしましょう。

■ベートーヴェン：チェロソナタ第3番より

【譜例1】

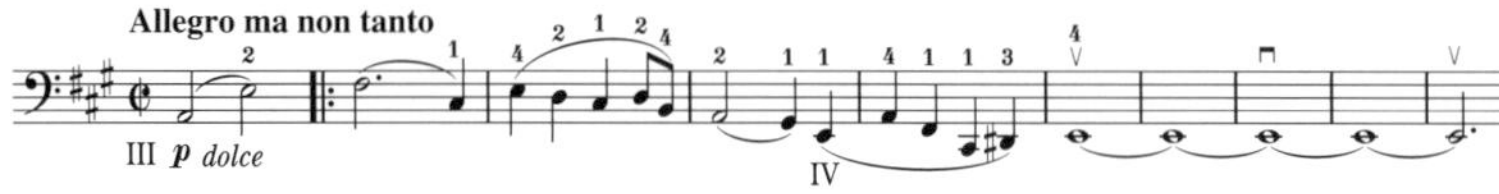

【譜例2】

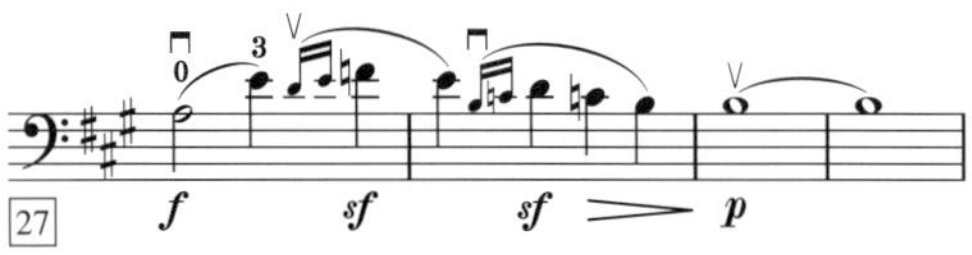

【譜例3】

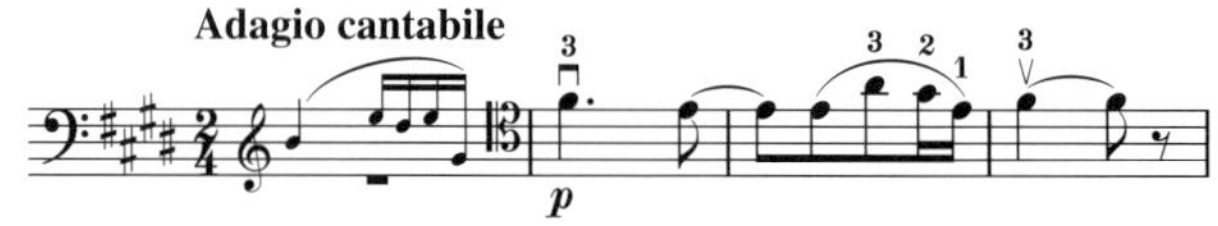

《第5章》

チェロの表現力を高める技術《テクニック》

チェロ演奏の基礎をいろいろ学んできましたが、
より豊かな表現をするために少し贅沢なテクニックにも挑戦してみましょう。

ヴィブラートの上手な使い方

弦楽器を習い始めるとヴィブラートに憧れる人はとても多いようです。音楽表現の手段の一つであるヴィブラートの習得法、効果的な使い方についてお話ししましょう。

指先に神経を集中し コントロールする

ヴィブラートに関する考え方は人それぞれで、特に〝揺れ〟を本来の音程の上に付けるのか、下に付けるのかは、奏者によって考え方が違うようです。私は基本的に上に付けます。従って本来の音からヴィブラートをかけはじめる最初の一振りは上に向かってかけます。

ヴィブラートを練習するには、ノンヴィブラートから上に向かってかけますが、音程の最高点から、もとの音程に戻るときは、動かすというより力を抜き自然に戻ってくるようにします。毬《まり》つきのとき、落下する毬の加速に少し力を足し、弾《はず》み返ってきた毬に手の動きを合わせていったん上へ、次の落下でまた加速を後押しする動きと似ています。振り幅は初めは小さく、次第に大きくしてみます。自分からみて向こう（音程では上）へ振るときに振り幅が決まり、元の音程へ戻ります。ヴィブラートは音程をある幅で上に振ることと、振りの最高点がアクセントになることで表現されます。幅とアクセントの強さによって表現される音色に変化が付きます。

実際に音に出るヴィブラートの音程幅は、指先のどこからどこまでを使うかによります。チェロはヴァイオリンなどに比べて大きな楽器ですから、しっかり音に現れるヴィブラートは指先がしっかり動かなければ出せません【写真1・2】。いくら腕を振ってみても、指先が弦の上で動かなければ無意味です。指先の動きに注意を集中して、出てくる音をよく聴いてください。

ヴィブラートをかけることでどんな音の変化を期待するのでしょうか？　ノンヴィブラートとの違いは何でしょうか？

一言で言い表せるほど単純ではないのですが、私は、ヴィブラートはノンヴィブラートの音の緊張感を解くものと考えています。固まっていたものが緩むことで自由に変化していくことができます。ノンヴィブラートの状態はひとつだけですが、ヴィブラートは無限にあると言えます。まず緊張を解き、小さく優しい振りから大きく輪郭のはっきりした振りへと変化させます。繰り返しノンヴィブラートに帰り、ヴィブラートをかけて緊張を解く感覚を実感してみてください。

効果的なヴィブラートは 最小限に使うことから始める

作品の時代によって表現にも様式という意識が必要です。今回の課題曲であるJ・S・バッハの《アリオーソ》は、バロック時代の曲ですからあまりロマンティックにヴィブラートをかけるのは違和感があります。また伴奏がピアノかチェンバロかによっても、相手の

ヴィブラートの上手な使い方

響きや音色の違いがヴィブラートをどのように使うかを考える材料になります。

チェンバロは撥《はつ》弦楽器であり、あまり余韻が長くありません。そこでチェンバロを相手に演奏するときにはヴィブラートを少なくしますが、またヴィブラートによって表現される穏やかな音色も、場所によっては効果的です。緊張とリラックスを一つ一つの音やフレーズの中にどのように使ったら良いか、穏やかな曲想でも変化のある表現をするために試してみましょう。まずある程度長い音符に穏やかなヴィブラートをかけてみてはどうでしょう。この曲に関しては激しいヴィブラートはほとんど必要ないので、ノンヴィブラートの緊張感を緩める効果と考え、またespress.にしたい音にヴィブラートをかけましょう。

細かい音符にまで無理にかける必要はありません。長い音符にはそれだけ存在感があり、ヴィブラートをかける意味もありますが、短い音符は連なってラインを形成します。ヴィブラートをかけることでかえって旋律線がつながらなくなっては逆効果です。

ヴィブラートは音色を作るための効果の一つです。絶対に無ければならないものではなく、また多いほど良いものでもありません。最小限のヴィブラートから少しずつ増やしていって、その曲にふさわしい音色を探してみてください。

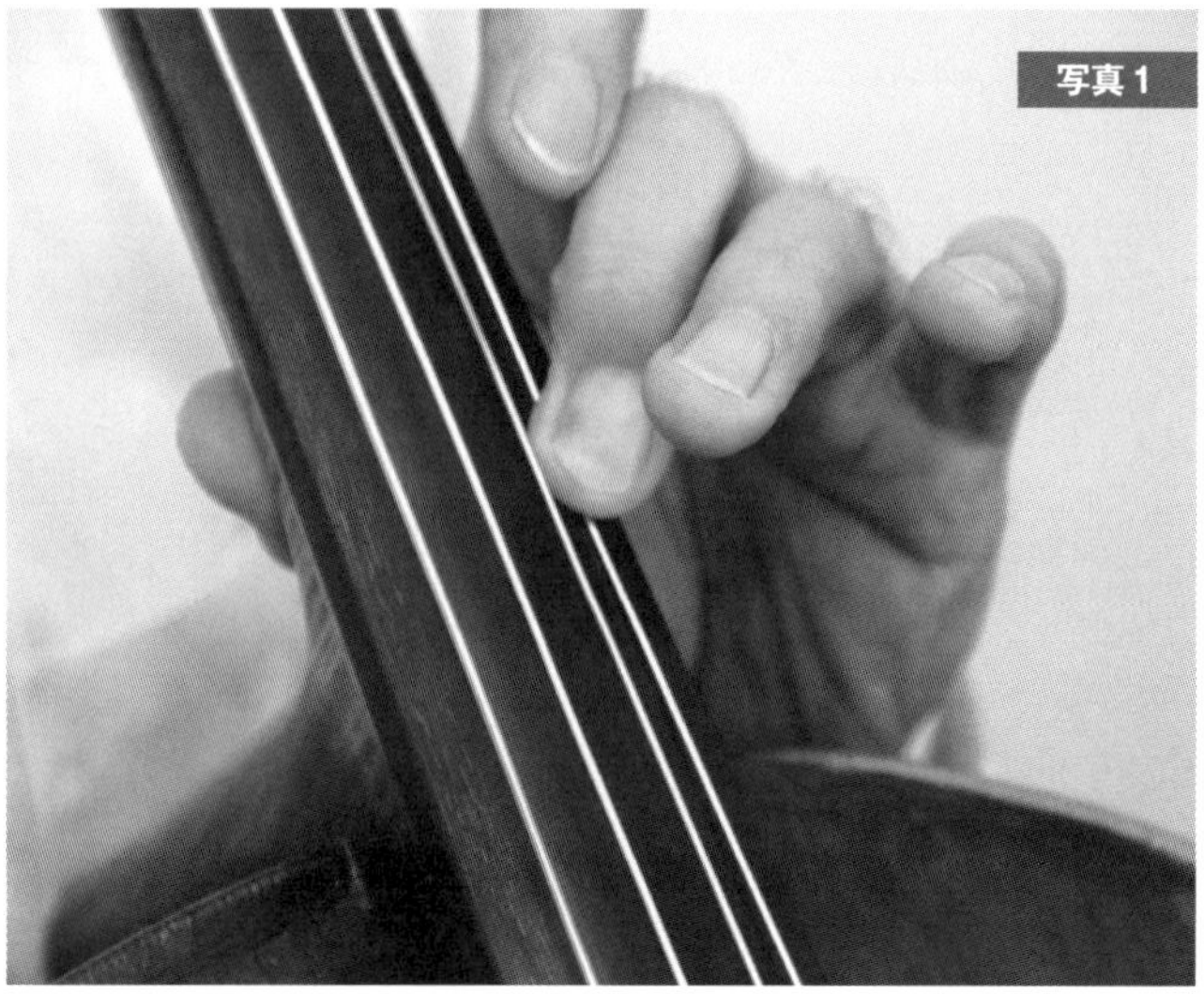

ヴィブラートをかけ始める前、ノンヴィブラートの指の位置

中ぐらいのヴィブラートをかけたときの最高点の指の位置

【練習曲4】J・S・バッハ:《ARIOSO（アリオーソ）》

ゆっくりin4※で弾きます。
[最初]はノンヴィブラート、2小節目2拍目のcから次のaへ行く直前に少しかけ、六度の跳躍がespress.になるようにします。
3 小節目以降はノンヴィブラート。
6 小節2拍目d、3拍目最後のhと 7 小節のdはかけてみましょう。特にhは、16分音符ですが少し長めに留まってヴィブラートの時間を作ります。
8 小節以降はin8※で感じてみます。8分音符以上の長い音符には基本的に少しヴィブラートをかけます。装飾的な細かい音符に対して長い音符もヴィブラートで装飾します。
14 〜 18 小節は音楽的に一番盛り上がる部分ですので、長い音符には少し力強いヴィブラートをかけましょう。 18小節3拍目からノンヴィブラートで、前の部分と対比させます。
22 小節3拍目からはtranquilloでin4。
24 小節3拍目からcresc.して、25 小節2拍目gはヴィブラートをかけ、最後のgはヴィブラートを徐々に減らしつつdim.して終わります。

※「in4」「in8」とは
1小節を4つに数えるのがin4、8つに数えるのがin8です（オーケストラの場合は、指揮者がどう振るかをパート譜に書き込んだりします）。同じ4拍子の曲でも拍の間に裏拍を感じて弾くとリズムが明確になります。《アリオーソ》の冒頭はin4で、同じテーマを繰り返す8小節目からは装飾的な細かい動きが加わるので、in8にしています。in8には他に音楽の流れに推進力を加える効果もあります。しかしゆったりした旋律は分割すると忙しい感じになる恐れがありますので、曲想によって使い分けます。

トリルを使う

そもそもトリルは装飾音の一つですので、なくても曲は成り立ちますが、付けた方がより表現が豊かになるなら付けようかというものです。

トリルの役割と入れ方

トリルは楽譜に書いてある音符（基音）と二度上の音を速く反復させる表現方法で、装飾音の一つです。今回は「tr」と表記するトリルと「∿」と表記するプラルトリラーについて説明します。

いずれも基音の二度上の音との反復ですが、特に表記がなければそこで使われている調性の二度上の音、変化記号（♯♭♮etc.）が上に書き込まれているときは二度上の音に変化記号が反映します。「tr」は音符の長さいっぱいにトリルを続けるか、または「tr〰」のようにトリルを続ける長さを視覚的に示した表記のものもあります。また前打音、後打音が付く場合もありますが、記載のあるもの、ないものがあります。「∿」は1回または2回の短い反復をします。

また「∿|」はモルデントと呼び、基音と二度下の音の反復を表します。

トリルはその音を強調したいときに使うこともありますし、旋律線の輪郭をぼやかせるような効果も持っています。音楽に何らかの変化を与え華やかにする役割があります。

装飾音と言えばまずバロック時代の音楽を考えます。当時の楽譜は非常に単純であり、作曲家は表現方法を楽譜上に記載せず、演奏家は自らのセンスで即興的に様々な表現を加えていきました。作曲家が事細かに演奏方法や表現方法を楽譜上に指示した新しい時代の楽譜では、忠実にその書かれた指示に従って演奏することが求められますが、バロックでは演奏家がもっと自由に演奏したのです。したがって当時の装飾音は多彩でしたし、特に反復演奏するときには同じ音型を繰り返さず、大胆に変奏されました。

トリルをよく使う楽器にチェンバロがあります。チェンバロは弦楽器のように音が持続しません。ピアノのペダルのような機能もありませんので、長い音符を持続させるためにトリルを効果的に使いました。

以上のようなことから、トリルはそこに入れたら何らかのいい効果があると思えば、自由に入れてみていいと言えます。記号があるなしに関わらず、この講座では皆さんも自由にトリルを使ってみましょう。また一緒に演奏しているチェンバロがある音型に装飾音を入れていたら、それに反応して自分も装飾音を入れてみるといったような即興的なやり取りも楽しいものです。

前後の音型に合わせて トリルの入れ方を考える

J・S・バッハのヴィオラ・ダ・ガンバ・ソナタ第3番の第二楽章《アダージョ》は、バロック時代のゆったりした曲です。どんな音に装飾をしたらすてきになるか考えてみましょう。

一つの音符に対してトリルを何回入れたらいいのかということはあまり問題ではありません。ゆったりした曲調なら穏やかに、速い曲なら細かく、また音符の長さによっておのずと入れられる反復の数も決まってくるでしょう。バロック時代からモーツァルトの時代くらいまでは、トリルは基本的に上から入れます。また、最初の音をタイのように扱って動き始めが少し遅れるようなトリルもあります。前の音が基音と同じか2度上の音の場合、どちらも優雅な表現になります。基音から始めるトリルも全く使わないということはなく、例えば上行音形で基音に入る場合、上からのトリルだと二度上の音は跳躍して強調され過ぎると感じます。そんなときは基音から始めるほうがいいということもあります。例を見ながらいろいろな方法を試してみましょう。

【譜例1】

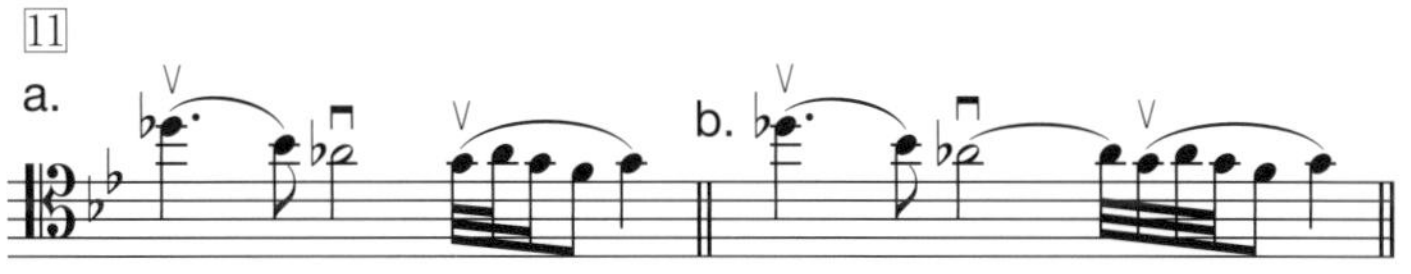

【譜例2】

【譜例3】

【譜例4】

【譜例5】

今回の曲は、J・S・バッハの3曲あるヴィオラ・ダ・ガンバ・ソナタの第3番ト短調の第2楽章です。この楽章は変ロ長調です。3/2拍子ですが4分音符の裏拍をゆったりと感じられるテンポで演奏しましょう。このテンポだと16分音符でもプラルトリラーを入れられる箇所が色々ありそうです。楽譜上にカッコ付きで記号のある所は試してみましょう。ただし続いて書かれたものはそれらを全部入れるのではなく、どれか一つ、一番気に入ったところにしましょう。

また前半後半とも繰り返しがありますが、1回目は単純に、繰り返したときは装飾をたくさんつけてみるのもいいと思います。

もともと記載のあるtrがいくつかあります。11小節の3拍目は基音から1回、または二度上の音から2回、ただし前の音からタイにして演奏するのがいいでしょう【例1a、b】。

16小節目、19小節目は前打音の記載があります。前の音からの下降の衝撃を和らげる効果があります。やさしく長めに前打音を入れましょう。トリルは2分音符分で、あと１拍は後打音として基音を４分音符で弾きます【例2・例3】。

21小節3拍目にはターンがあります。今回、触れませんでしたが、例を見て試してください【例4】。

24小節目は前打音がありますが、前の音と重なるので短めに、あまり強調しません。27、28小節目はいずれも上からのトリルです。

29小節3拍目は2カッコに進んで楽章を終えるときにはゆっくり、トリルは4分音符分で、後打音として基音８分音符分を付けます【例5】。

トリルを使う

【練習曲5】J・S・バッハ：ヴィオラ・ダ・ガンバ・ソナタ第3番第2楽章《アダージョ》

ポルタメントを使った表現

ポルタメントはヴァイオリンやチェロといった擦弦《さつげん》楽器や声楽などに用いられる独特の表現方法です。

距離のある2音を繋《つな》ぎ、豊かな表現へ

弦楽器では音と音の間の移動に必要なエネルギーや距離感をポルタメントという奏法で表現します。声楽でも上行、下行で音が大きく飛ぶ際に、ポルタメントをしばしば使い、表現をより自然に、また豊かにしています。

ポルタメントにはメロディラインを美しく見せたり、時には情熱的に、ロマンティックに見せたりする効果があります。音と音とのつながりを軟らかく、また密接にするため、上手に使っていきたいものです。

近代以降の作品では作曲家が意図的に楽譜上にポルタメントを記載しているものも多く存在しますが、その記載のない普通の楽譜であっても、旋律をたどっていくとポルタメントを使いたくなる上行または下行のラインを見つけることができます。表情を豊かにしたいときに使う表現の一つとして、どのようなときにポルタメントを使うのかを考えてみましょう。

基本的な考え方として、大きな跳躍の時でもはっきりとアーティキュレーションを意識したい場合、ポルタメントは使いません。それに対して、レガートで表現したい場合は入れることが多いです。また、上がるときに入れて、下がるときにも入れるといったような2回連続のポルタメントは、あまり美しい表現にならないので、一般的にはあまり使いません。いずれにしても効果というものはあまり多用するとうるさくなります。

美しいポルタメントは右手の動作が先

【練習曲6】として取り上げた《アヴェ・マリア》は、J・S・バッハの平均律クラヴィーア曲集第1巻第1番前奏曲を伴奏に、19世紀フランスの作曲家グノーがラテン語の《アヴェ・マリア》の歌詞を付けて作曲した歌曲です。宗教的な内容の曲なのであまりロマンティックに演奏するのは違和感がありますが、旋律は大変美しく、レガートで歌いたいので、適度にポルタメントを入れてよいでしょう。音の繋がりが美しく聴こえるように。また声楽曲ですから歌詞の節も意識してポルタメントを入れていきます。

上行のポルタメントと下行のポルタメントでは、表情が変わってきます。今回の《アヴェ・マリア》では比較的下行のポルタメントが多めですが、曲によっては上行のポルタメントの方が多いものもあります。上行は物を持ち上げるエネルギーの必要を感じさせ、行きついた音には達成感があります。下行は上に留まっていたい未練や下行せざるを得ない諦念、さらに落下の衝撃を和らげる表現とも思えます。上行のポルタメントはドラマティック、下行のポルタメントは感傷的な表現と言えます。

弓を返す場合の左手と右手の動くタイミングは、上行、下行と

※ピアノ伴奏について
この曲の伴奏にはJ・S・バッハの平均律クラヴィーア曲集第1巻第1番前奏曲を用いますが、前奏として冒頭の4小節を用います。したがってチェロが弾き始めるところでダ・カーポします。オリジナルのバッハの第22小節から第23小節(左手のバスがfisからas)にグノーの旋律を合わせるにはこの間に1小節追加します(追加楽譜)。繰り返すときの1番カッコ2小節目はバッハのオリジナルの第31小節から第19小節に戻ります。

■グノーとバッハの小節番号対照表

グノー	1	5	24	27	29	37	38	39	42
バッハ	1	1	20	追加	24	19	31	32	35

ポルタメントを使った表現

も右手が弓を返す動作に合わせて左手が動きます。左手が先に動く表現もなくはないのですが、特別な場合を除き私はあまり使いません。やや押しつけがましい表現に聞こえるからです。

　また、ポルタメントには同じ指でスライドさせる場合と、違う指に置き換える場合とがあり、やや違った印象になります。違う指に置き換えると、上行でも下行でも動いた先の音の始まりがはっきりします。具体的には、上行では1で移動して到達する音の三度下の音まで来たら、4または3で目的の音を捉えます。下行では4または3で移動して、三度上の音から1で目的の音を捉えます。弦楽器特有の動き方と言えます。一方、同じ指で移動するポルタメントは、より滑らかで甘く、ロマンティックで濃厚な表現になります。

　ポルタメントを入れることで、表現に変化が生まれます。多用は品がなく禁物ですが、ここぞという場所に使ってみるのは楽しいと思います。ではグノーの《アヴェ・マリア》【練習曲6】で実際の使い方を見てみましょう。

【練習曲6】グノー：《アヴェ・マリア》

　多くの歌手によって歌われるたいへん美しい曲です。歌手によりブレスやポルタメントが違い、ましてチェロで演奏するには特有の表現もありますから、こうでなければということはありません。ひとつの例として参考にしてください。

　冒頭の歌詞は「アヴェ・マリア」で、6小節最後の八分音符から8小節までが「マリア」で、7小節のg－dはその「リ」にあたりますので、レガートでややポルタメントが入るのもいいでしょう。9、11、13小節の3拍目はそれぞれ同じ母音のスラーなのでレガート、9、13小節はポルタメントを入れますが、あまり強調されないようにします。

　13から14小節へは4で上行のポルタメント、fisを強調します。21から22小節も同様。24から28小節の歌詞は「サンクタマリア、サンクタマリア、マリア」です。「マ」にあたる八分音符ははっきりさせたいので、26、27小節の八分音符は前の音から跳躍しますがポルタメントは入れません。「リア」にあたる25、27、28小節はレガートで、27、28小節はポルタメント。32、34小節は曲がピークに来ていますので、同じ指でやや時間をかけたポルタメントをかけます。

　2番括弧1拍目の親指から3へは3の指を伸ばさず、親指ごと手の形を変えずにポルタメントを利かせて移動し、dはしっかり発音してから下行音型をたっぷり弾いて、39小節からの「アーメン」の前でブレスします。器楽の場合大抵無視されますが、私はこのブレスは生かしたいと思います。

サン＝サーンス《白鳥》を演奏する

全く異なるイメージを可能にする美しい曲

チェロの表現力を高める技術としてヴィブラートとポルタメントについて学びました。ここではその実践としてサン＝サーンスの組曲『動物の謝肉祭』より《白鳥》を弾いてみましょう。

この曲は組曲の中でも特に美しい作品で、白鳥が静かな湖面を優雅に泳いでいく、そんな情景が思い起こされます。恐らく最もよく知られたチェロの小品で、耳にされることも多いと思いますが、一方でバレエ《瀕死の白鳥》の音楽としても知られています。演奏家にはもちろん、リスナーにも愛されている名曲です。

私自身も何度となくこの曲を演奏していますが、特に思い出深いのが、バレエ《瀕死の白鳥》を世界的バレリーナのマイヤ・プリセツカヤと共演したときのことです。

真っ暗なステージ上のハープと私にかすかな光が当たり始め、演奏が始まります。ときに遠ざかり、ときには息遣いが聞こえるほどに私たちに近づき、最後の力を振り絞って生きようとする瀕死の白鳥の、仕草や悲しい心の内までも表現するプリセツカヤに、鳥肌が立つような感覚に襲われ、演奏しながらもすっかり心を奪われてしまいました。

その後《瀕死の白鳥》は別のバレリーナとも数回演奏しましたが、彼女の悲しくも美しい白鳥は今でも忘れられません。美しい情景を思い描きたくなる《白鳥》の音楽ですが、バレエ《瀕死の白鳥》の全く違った解釈の振り付けを見ると、実にぴったりな音楽に感じられるのがとても不思議です。人の想像力とはおもしろいものですね。

基本はレガート。自然で自由な強弱を付けて

この曲の情景は先に述べたように想像力によって変わり得ますが、ここでは湖面を滑る優雅な白鳥をイメージしてみましょう。

ピアノの前奏は穏やかな湖面を感じさせ、それに導かれて歌い出すチェロは近づいてくる白鳥を思わ

3でhを取るとき親指は上げていない

dを取るときは親指を指板上に上げる

3だけを伸ばし親指が残された悪い例

せます。楽想は白鳥の姿だけでなく、それを眺める者の心までも表しているように思います。

楽譜上にはディナーミク（強弱）はあまり書かれていないのですが、意外にドラマティックな曲ですから、感じるままに強弱も付けながら豊かな表現をしてみましょう。楽譜には情景描写の一例を書いてみましたので、参考にしてください。

《白鳥》の演奏ではレガートがポイントとなります。移弦やポジション移動の際、音が途切れないよう、右手、左手とも注意が必要です。

4小節目の8分音符の上行形に付けたスラーは、アーティキュレーションを表すものではなく、ボウイングによって切れて聞こえないためにわざと拍とずらしています。

基本の左手の形についてお話しましたが、この曲のレガート奏法のためにも移弦やポジション移動の時に手の形を崩さないことが大切です。第4ポジション以上での手の形や移動については他のページを参照してください。ここではハイポジションでの親指の位置を見てみましょう。親指が指板の上に乗るハイポジションで、上行の時に親指がついて行かず、手が斜めになるのはよくありません【写真3】。

ヴィブラートをコントロールする

《白鳥》の演奏ではヴィブラートも欠かせない要素です。揺れの速さや大きさはコントロールされていなければなりません。豊かな表現のためには、その曲の一音一音に相応しいヴィブラートを確実にコントロールすることが必要です。

冒頭は静かに始まりますので、あまり激しいヴィブラートは似合いません。穏やかで幅は狭い方がいいでしょう。ノン・ヴィブラートも時には有効な表現です。

二分音符など長い音符では、一音の中でも曲調に合わせて変化を持たせます。一般的に低音でのヴィブラートは幅広くかけます。これは弦のポジションが低いほど音程を表すには幅が広くなることと、また太い弦ほど押さえにくく、ヴィブラートが音に現れにくいからです。

今回の《白鳥》は、美しい情景ばかりでなく、その情景を眺めている者の心の動きや、ときにはそれが瀕死の白鳥（白鳥は誰かの、もしかしたら自分の化身かも知れません）の生への執着や諦念、さらには召天に至る変容までも表現し得る曲です。基礎的な技術をしっかり使って、表現にはどうぞご自分の人生経験を重ね合わせて、より深い表現を目指ししていただきたいと思います。

弾き方のポイント

ここでは主に技術的な注意点を解説していきます。

冒頭2小節目は、fisからhへの下行（ポルタメントが入っても良い）、eへの上行（ポルタメントを入れない）と続くポジション移動と、さらにdからgへ同じ指での移弦が難しいです。ポジションを移動しようとすると、移動前の音は短くなりがちです。下降してきてすぐに上行する3拍目は特に気を付けましょう。上行の時、1をcまで移動させ、広い手の形で4がeを取るようにします。練習ではcが聞こえても構いません。またdからgを2で押さえ直す時は、1でfisを先んじて押さえD線を指板に近づけるとd-gをレガートにしやすくなります。

4小節目の8分音符の上行音形に付けたスラーはアーティキュレーションを表すものではなく、ボウイングによって切れたように聞こえないためにわざと拍をずらしています。5小節目のhと9小節目のdへの跳躍では親指の扱いが違います。通常hは親指を下に残し【写真1】、dは親指を指板上aに乗せます【写真2】。後者の移動では3の指でaisを取った時に親指を指板上fに乗せ、ハイポジションの形を作ってから手全体で移動します。（いずれもポルタメントは可）

10～16小節は基本的にポルタメントは入れません。21小節目のhは途中で弓を返しますが、後半でたくさんcresc.できるように4拍目あたりで返します。22小節目のhが全曲中最も感動的な瞬間です。

ハイポジションに入るとき、どのあたりから親指を上げるかは演奏者の手の大きさや曲の流れによって必ずしも決まってはいません。私は《白鳥》の第5小節hでは上げず、9小節dは上げます【写真1・2】。経験上、cかcisまでは上げずに取ることが多いと思います。

親指を乗せたハイポジションでは、1音のみ高い音を弾いてすぐにもとのポジションに戻るような場合を除き、上行移動の際に基本的には親指は取り残されず一緒に移動します。手の形が移動のときに崩れるのは良くありません【写真3】。

【練習曲6】サン=サーンス：『動物の謝肉祭』より《白鳥》　校訂：黒川正三

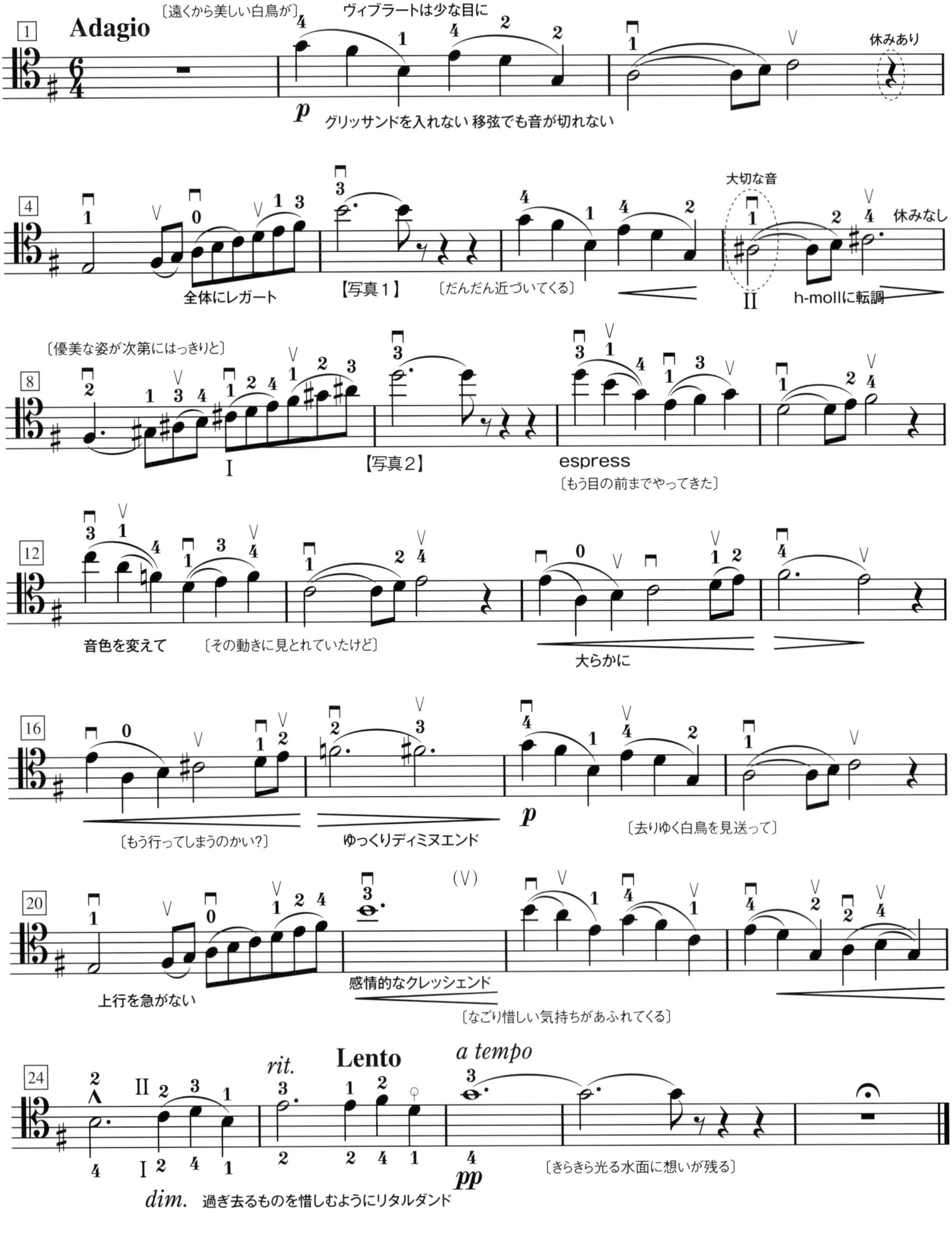

《第6章》

音階を使って上達しよう

音階とはその先にある音楽のすべてに通ずる道のようなもので、その道をどう歩むかによって到達できる音楽の在り方も変わってきます。そしてその道には様々な興味深い脇道があり、道草を食うことで一目散に目的地に到着する以上の楽しみや収穫が得られるのです。

チェロ特有のフィンガリングと音階

《第3章》左手についてをよく理解した上で、あらためて音階を練習していきます。単調になりがちな音階練習に変化を付け、繰り返すことを楽しみながら不安定な箇所を克服していきます。

実践 1 まずは2オクターヴ

C-durを例に練習の仕方を考えます。フィンガリングは基本の基本、すべて第1ポジションで手の形は『狭い』です【譜例1】。2オクターヴの短い音階を正確に、スムーズに流れるように弾きます。力で音を出すのではなく、**《第2章》右手について**で学んだ『重心の移動』と『位置のエネルギー』を使った自然なボウイング（16ページ、24ページ）が左手の動きに気を取られて崩れないようにしましょう。

メトロノームで四分音符60～80くらいをイメージしたら、全音符で1音1弓から始めます。音の初めから終わりまで一定の音色であること、そのためには弓の動きにムラがないように気をつけます。一定の傾斜の緩い坂道を転がるボールは、一定の加速はしますがその動きはギクシャクしません。弓の動きもこれに倣います。弓を返すときは『なめらかな弓の返しは連続した動作から』（17ページ）を思い出し、切れ目なく次の音へ移ります。これらの練習のとき、忘れてならないのが呼吸です。深い腹式呼吸をしながら（特にテンポに合わせる必要はなく、自然な呼吸で）肩の力を抜き、顔をこわばらせないように、また視線は前方やや斜め上遠方を見るようにします。

次に二分音符で2音ひと弓のスラーで弾いてみます。左手のみで音が変わり、右手は何も変わりません。続いて四分音符で4音ひと弓のスラーにします。2オクターヴを行って帰ってくると弓のアップ、ダウンが逆さまになるのでもう一度繰り返して元に戻ったところで終わりにします。さらに八分音符にして8音ひと弓にします。一度行って帰ってくるとアップの途中で2回目の上行になりますが、そのまま続けます。【譜例1】のように繰り返すと2回目はアップからになり、2オクターヴの上行下行をトータル4往復すれば元に戻るのでそこで終わります。

音価を細かくしたときに急がないよう気をつけます。音価が細かくなってもテンポは変わっていないのです。【譜例1】を見るとわかるように、4音ごとの初めの音は上行と下行で同じです（c-g-d-a-a-d-g-c）。四分音符や八分音符、あるいはさらに細かく十六分音符での練習をするとき、この音（＝拍）を見失わないことがポイントです。

【譜例2】を弾いてみます。第1ポジションから始まり第4ポジション、折り返しのa-h-c-h-aは1-2-3-2-1ですが、親指は指板に上げません。手が小さくてどうしても届かなければ仕方ありませんが、この辺りまでは親指を上げずに使えると便利なので試してください。なお、aの1はしっかり押さえずフラジオレットで取りましょう。最もよく鳴る場所を確実に捉えるように、またその場所を動かさず次のhを押さえるようにします。下行の

チェロ特有のフィンガリングと音階

■C-dur

【譜例1】

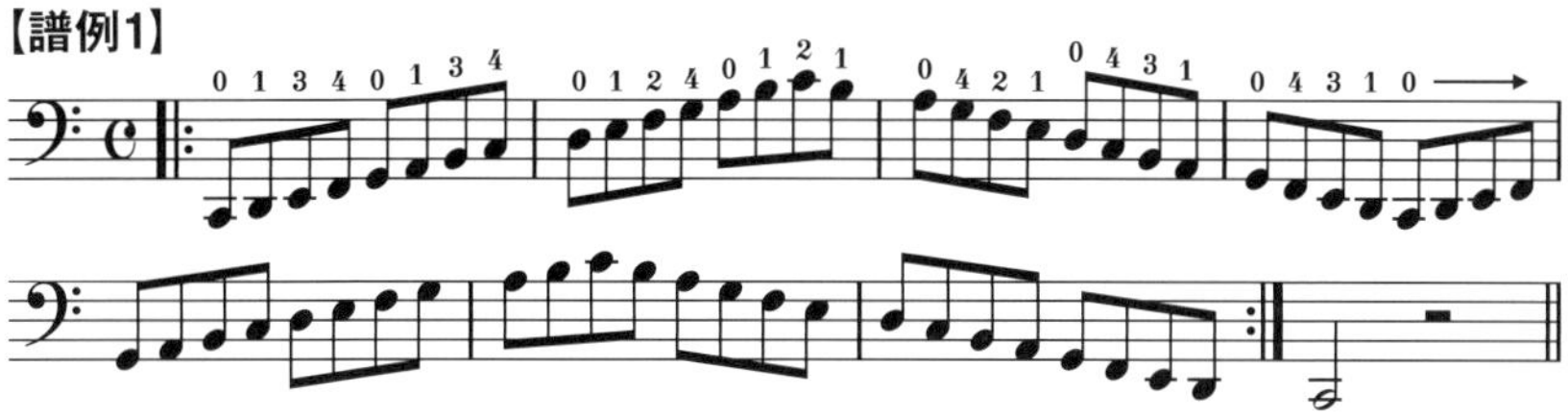

【譜例2】

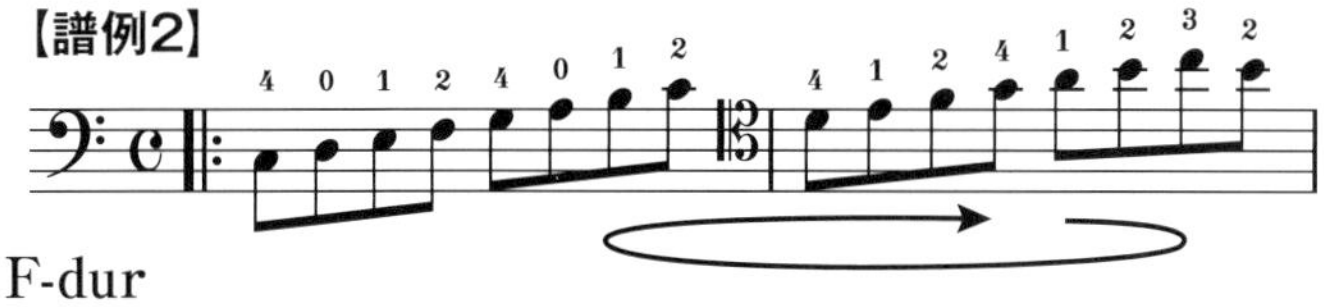

■F-dur

【譜例3】

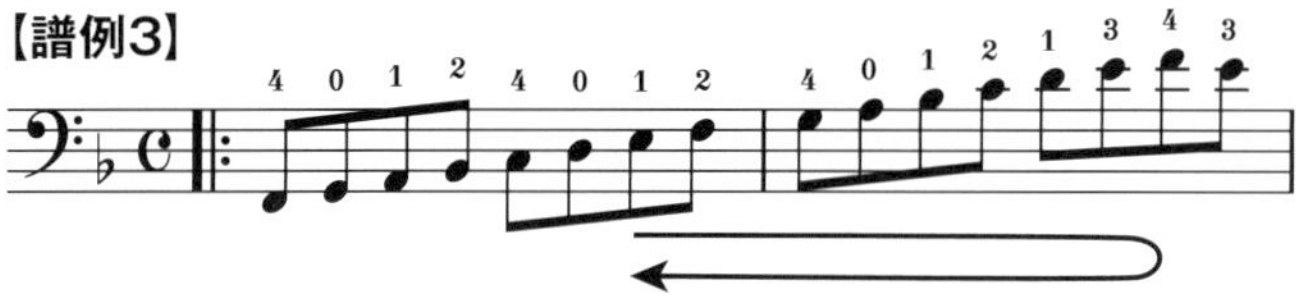

【譜例4】

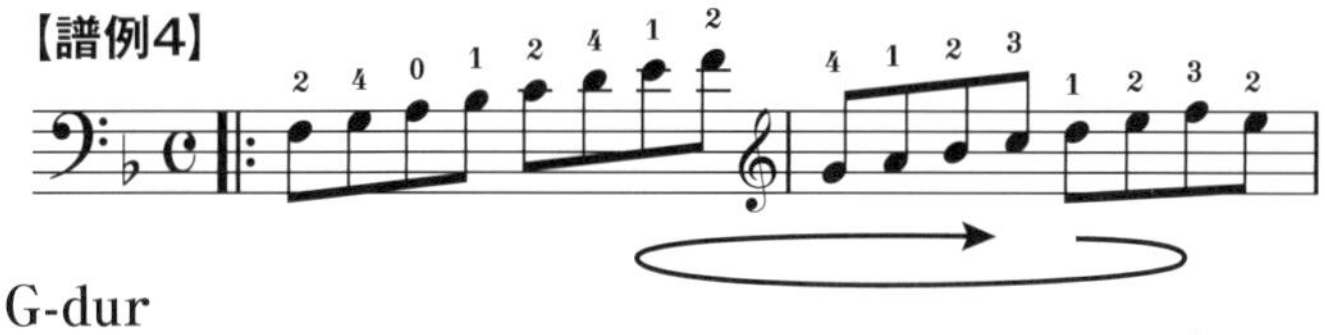

■G-dur

【譜例5】

【譜例6】

ときはａのフラジオレットが鳴ったら指を放し、あらためてｇを押さえるまでａが鳴り続ければフラジオレットが正しく鳴っていたと言えます。練習の方法は【譜例1】と同じですが、最高音を含む折り返しの部分は特によく練習したいので次のような練習を加えます。【譜例2】の第2小節後半から始めて下行、オクターヴ下のｈで上行へ折り返します(a-h-c-h-a-g-f-e-d-c-h-c-d-e-f-g-)。

次にF-dur(ヘ長調)を弾いてみます。【譜例3】は【譜例2】のC-durの五度下から始まります。第2小節前半(g-a-b-c)は『広い』、第3ポジションに上がり『狭い』です。ポジション移動と手の形を変える動作を取り出して練習するため、譜例内の矢印のように繰り返す練習をします。

【譜例4】では【譜例2】で練習したように、第2小節後半から始めて下行、オクターヴ下のｅで上行へ折り返します(d-e-f-e-d-c-b-a-g-f-e-f-g-a-b-c-)。

G-durを弾いてみましょう。【譜例5】は【譜例1】C-durの五度上です。第2小節後半で第4ポジションに上がりますが、左手はすべて『狭い』です。これを応用して【譜例1】の第2小節後半をD線の第4ポジションに上がるフィンガリングも合わせて練習してみましょう。

【譜例6】の第2小節は【譜例4】のF-durとは違うフィンガリングです。ハイポジションでの順次進行でよく使うパターンは二通り、【譜例4】のような1-2-3-1-2-3、【譜例6】のような1-2-1-2-1-2-3です。旋律線をそこにふさわしい表現にするためにどちらを使うかは場合によりますので、音階練習でどちらも使えるようにしておきましょう。【譜例3】と同じ矢印の反復練習が効果的です。

調性による難しさの違い

2オクターヴの音階は、最初にC-durから習うのが一般的です。それは2オクターヴ弾く間にポジション移動がなく、手の形も狭い形（指1‐4が短三度）で、開放弦もすべて弾けるからです。さてこの先いろいろな調性の音階を弾いていくと難しいと感じるのはポジション移動です。それもたかが2オクターヴを弾くのに（いや1オクターヴでも）何度もポジションを移動しなければならないわずらわしさが付きまといます。五度調弦の楽器ですから、開放弦の使える調号の少ない調なら、動かずに済んで弾きやすいのです。

実践1 属調の関係を知れば音階は2／3に減る

各調の音階の前半とその調の下属調の後半（例えばC-dur前半とF-dur後半）は重なり、言い換えれば、ある音階の後半とその調の上属調の前半（例えばC-dur後半とG-dur前半）は重なります。つまり音階を順次弾いていくと半分ずつは同じ音を弾くことになります。またどの調性も一本の弦で弾くなら同様にポジション移動するので難しさに差はありません（ハイポジションの手の形や移動については31ページ「左手の基礎②」参照）。この先、調号のたくさんついた音階を始めるための心の支えにしてください。

実践2 親指は強い味方

チェロでは親指も、押さえるために使います。このことによってヴァイオリンなどのように一つのポジションで四度を押さえられることになります。このとき親指は開放弦、1‐4の指の使い方を1‐3に置き換えると捉えます。これでどんな音形もすべての調性で同じフィンガリングで弾くことが可能になります。

親指は使い始めた最初は、弦の当たるところが痛いと思いますが、じきに鉛筆ダコのような厚みができて押さえられるようになります。

〜 〜

D-dur、A-dur、B-durを弾いてみます。

【譜例7】は手の形が『広い』で始まり、第2小節で『狭い』になります。

【譜例8】は【譜例5】G-durの五度上から始まり、第4ポジションに上がり、さらに親指がaに乗るポジションまで上がります。このときのフィンガリングは2通り示しています。

【譜例9】は【譜例7】D-durの五度上から始まり、第4ポジションは『広い』で最高音aはフラジオレットで取ります。スムーズにフラジオレットとの切り替えができるよう、矢印のように繰り返す練習をしましょう。

【譜例10】は第1小節最後のaに親指を乗せ（フラジオレット）、第2小節は【譜例6】G-dur同様のフィンガリングです。

【譜例11】は【譜例4】F-durの五度下から始まり、第1ポジションでA線に移って、1‐2‐1‐2パターンで上行します。第2小節後半から始めて下行し、a（A線開放弦）までを繰り返す練習が効果的です。また【譜例4】と同じフィンガリングでD線で上がる練習もしましょう。

【譜例12】はA線のみで2オクターヴを弾くフィンガリングです。2オクターヴ目は2通りのフィンガリングを示しています。第2小節後半gから始めて折り返し、フラジオレットのaまでを往復する練習をするとよいでしょう。

親指を使う練習の一例を【譜例13】に示しました。手の形を崩さずに移動します（32・34ページ）。

D-dur

【譜例7】

【譜例8】

A-dur

【譜例9】

【譜例10】

B-dur

【譜例11】

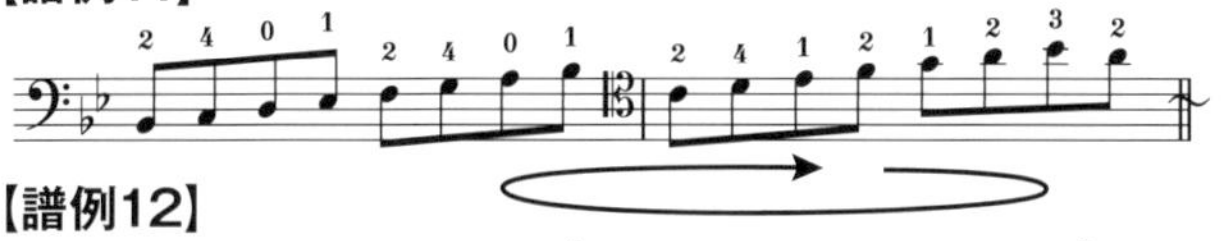

【譜例12】

【譜例13】

実践3 〈ホルン五度〉で〈重音〉の響きを知る

〈ホルン五度〉と呼ばれる重音の進行があります。これは例えば、C-durでは上がc-d-e、下がe-g-c（短六度-完全五度-長三度）の心地よい響きで、いろいろな曲の中でよく耳にします。ホルンで演奏されることが多いのがその名の由来ですが、チェロで弾いても豊かな響きを楽しむことができます。同時に二つの音を聴くことが苦手でも、聴き取りやすいので試してみてください。

フィンガリングはいろいろ考えられますが、まずは完全五度が開放弦のG-durをご紹介しましょう【譜例14】。同じフィンガリングで五度下のC-durもできます。この二つの調性では短六度の下の音を押さえている3（薬指）を離さずポジションを確保するのがコツです【写真1～3】。

次にF-durとB-durを弾いてみます【譜例15】。今度は短六度の上の音を押えている2（中指）をキープします。完全五度を4（小指）で押さえるには指を寝かして指の外側に重さをかけます【写真4～6】。譜例、写真ともF-durですが、B-durも同じフィンガリングです。

F-durの長三度を第4ポジションに上がり、1と4の指を狭い手の形にして取ってみます【譜例15の（1・4）と写真7】。このとき1の指（人差し指）は隣の開放弦と合うように確認しましょう。五度下のB-durも同様、また五度上のC-durも弾けます。

〈重音〉を弾くことは耳の訓練にはとても効果的な上に、手の形を整えていくことにも良い練習です。

実践4 共鳴する音を探す

これまで見てきたようにチェロには4つの開放弦があり、それらは楽に音を出すことができ、楽器がよく響きます。また開放弦と同じ音や単純な倍音関係の音（オクターヴなど）は、その音を弾けば開放弦が共鳴します。

【譜例14】

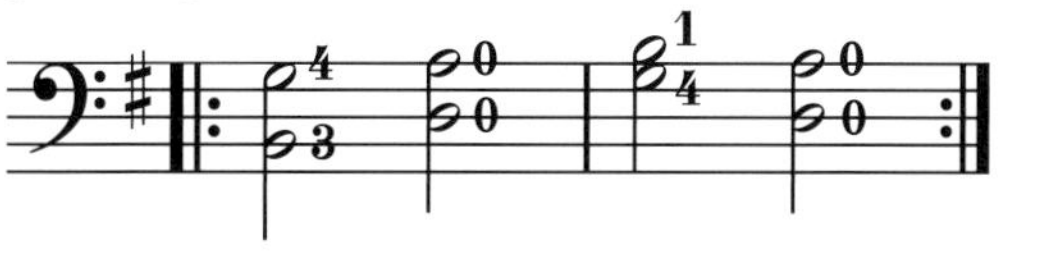

【譜例15】

〈共鳴〉を意識して音階を練習すると楽器の鳴り方が驚くほど良くなりますので、ぜひ心掛けましょう。

　調号がたくさんついてくると開放弦が含まれなくなるので、開放弦の共鳴による透明感のある素直な響きはなくなります。しかし逆にもっと別の特徴、例えば深みや陰りや精神性の高さなどの効果が現れてくるように思います。古今の作曲家はそのことを意識して調性を選び、曲を書いてきました。

実践 5　曲の背景にはいつも音階が！

　よく何かの曲を練習していて、何度弾いてもどうも音程がうまくいかないとか、ポジション移動が安定しないとかいうことがあります。そういう時はそのパッセージだけ練習するのではなく、その部分の調性でその音域の音階を練習してみましょう。

　音程がうまくつかめない原因のひとつは、正しい音程のイメージがつかめていないことです。音階を弾くことで旋律がその座標軸の中でどう位置しているかがわかります。さらに背景となる和声がイメージできればもっとはっきりするでしょう。またポジションの移動もその旋律だけを練習するより、音階としてそこにある音をすべて弾く練習をしてみましょう。移動する距離がもっと具体的にイメージできて、正確さが増すはずです。曲（音楽）は音階がもとになってできています。音階を音楽と切り離して無機的に練習するのではなく、曲を練習する中に必要に応じた音階練習を挟み込んでいくという練習方法がいいと思います。

【譜例14】G-dur

写真 1

写真 2

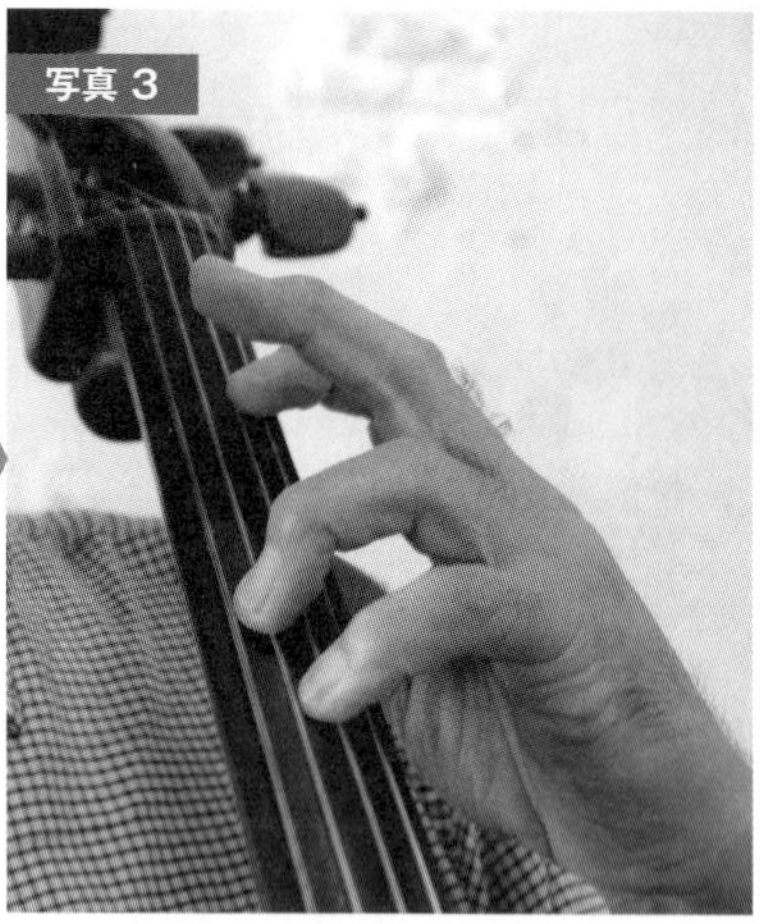
写真 3

【譜例15】F-dur

写真 4

写真 5

写真 6

写真 7

全調に共通のフィンガリング

これまで繰り返し説明してきたように、チェロは長三度までしか押さえられないため、調性がC-durから離れるにつれ難しくなります。開放弦が使えなければポジションを移動しなければならないからです。

ではどこまで難しくなっていくのでしょうか。

次ページの【譜例16】を見てください。①と②とを比べると、どちらも一つのポジションで上行3つまで押さえています。音がaからhへ進むのに①はA線に、②は同じD線の上のポジションに行っていますが、どちらへ行くにしても移動するということにおいて同じとみなします。どちらで進んでもその先の移動で合流できます。

またdの指は①では4、②では3ですが、ハイポジションでは1-2-3の指でローポジションの1-2-3-4の指と同じ役割をする（31ページ「左手の基礎②」参照）ので、これも同じとみなします。

なお、ポジション移動に関して「上へ」「下へ」というのは音が上または下へ行くことで、見た目の位置とは逆さまですから間違えないでください。

実践6 E-dur（ホ長調）からは全ての長調が同じ

【譜例17】はE-durの2オクターヴ音階です。開放弦を使わず、3つ上行したら移動します。**手の形は広い、広い、狭い、狭い、狭いです**。30ページの図をもう一度見てください。簡単な算数ですが、2オクターヴで音符の数は15、一つのポジションで音は3つですから、5つのポジションということになります。

ポジションの移動では、やみくもに動かさず、距離を具体的に把握するようにします。

1小節目、gisを押さえている4の指がfisに来るまで手の形を変えずに（広い形のまま）全音分下へ移動します。すると1の指がdに乗るので、この指で五度上（隣り）のaを押さえます。

次の移動は二通りあります。D線に行く場合、cisを押さえている4の指がcに来るまで手の形を変えずに（広い形のまま）半音分下へ移動すると1の指はgisに乗るので、この指で五度上（隣り）のdisを押さえ、同時に手の形を狭い形に変えます。これに対しG線でポジションを上に移動した場合は、dis-e-fis（指は1-2-4）は狭い形ですから、fisを押さえている4の指がeに来るまで手の形を変えずに（狭い形のまま）下へ全音分移動し、このとき1の指はcisに乗るので、この指で隣りのgisを押さえます。その先も手の形は変わりません（狭い形のまま）。

最後の移動はやはり二通りあるので、A線に行く場合は一つ前の移動と同じに、狭い形のまま全音分下へ移動して隣へ移ります。ただし、cis-dis-eの指は1-3-4になります。D線で上がる場合は特に説明の必要はないでしょう（指の1と2の間が全音、2と3の間が半音になることに気を付けて!【写真7】）。上行順次進行で隣りの弦に移弦するときのポジション移動は、このように移動距離と手の形に対してはっきりした意識を持つことが大切です。

【譜例18】はH-durです。E-durを五度上げた調性なので弦を隣りに移すだけです。ただE-durの最後の移動が二通りあるのに対し、H-durは一つだけです。

理屈がわかったらこの二つの調性をしっかり練習しましょう。

【譜例16】

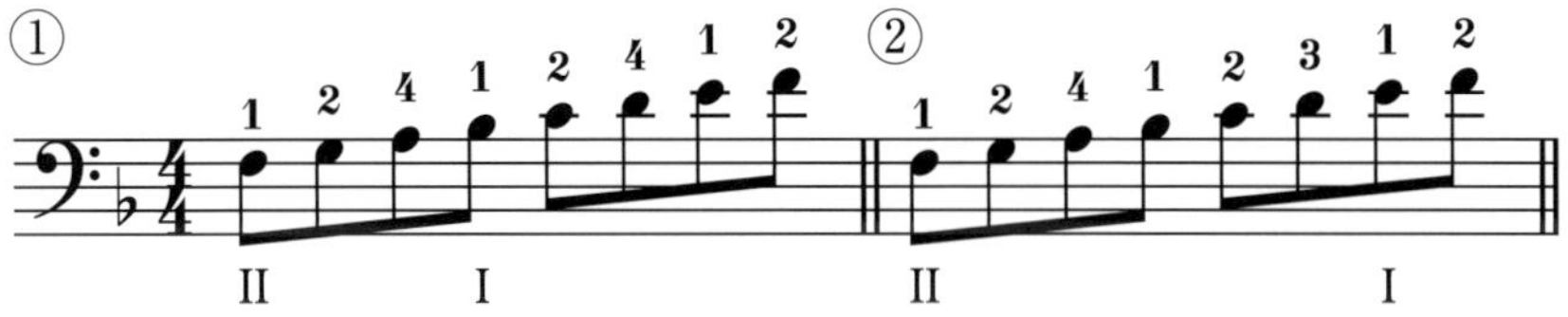

【譜例17】

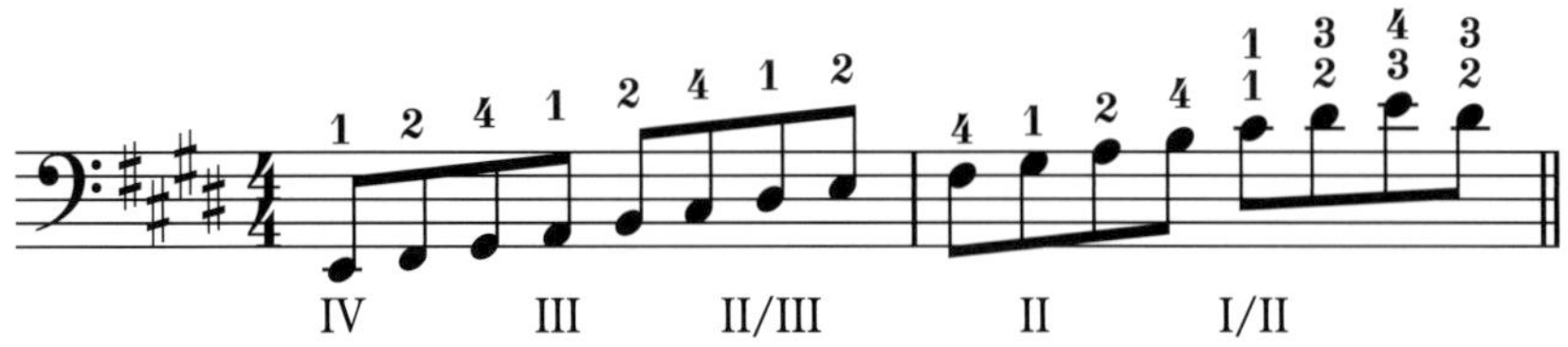

【譜例18】

【譜例19】

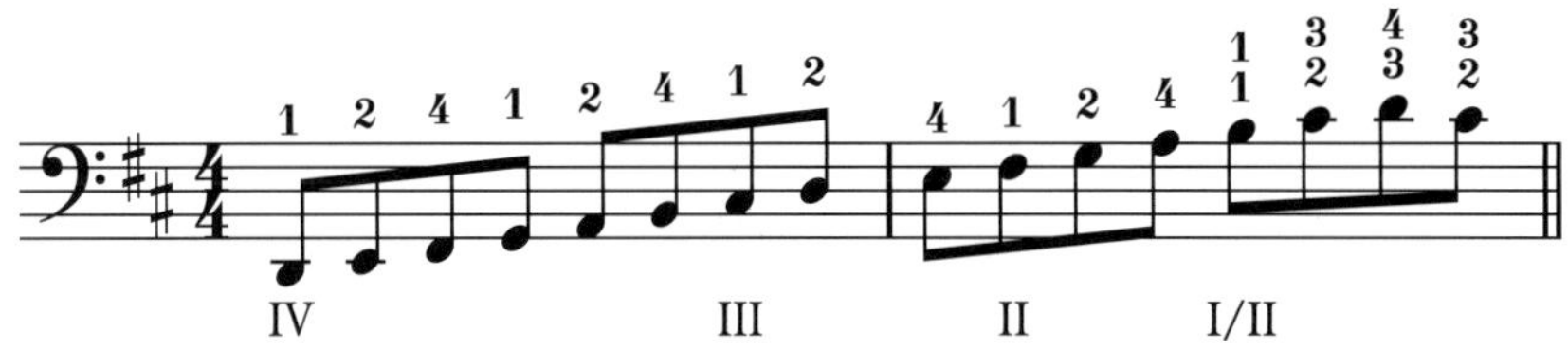

【譜例20】

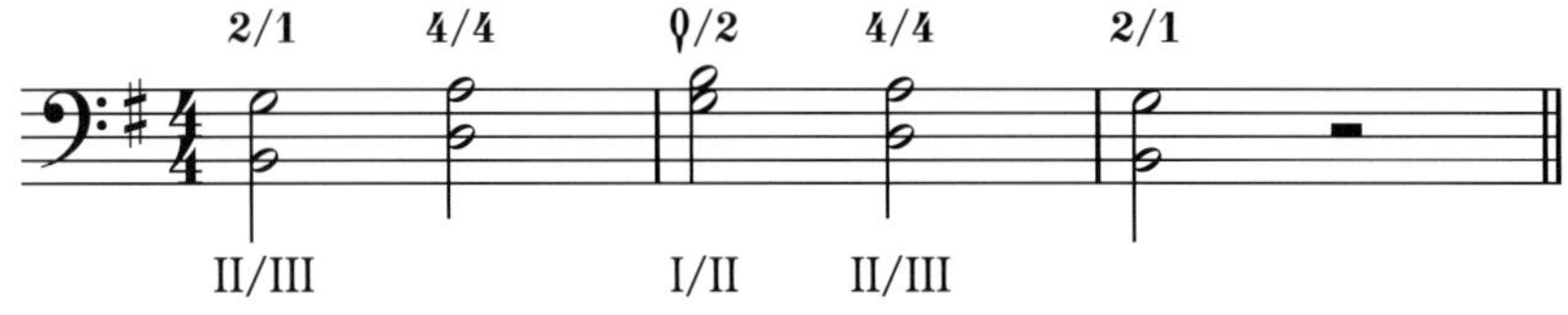

実践7 やさしかったはずの調性が……

さて、【譜例19】を見てください。59ページ【譜例7】で練習したD-durですが、フィンガリングは今回学んだものと同じで、前回のものより難しいでしょう。でも上記の理屈がわかって練習がしっかりできていたら、規則性が助けになって、いくらかやさしくなるはずです。

そしてこれまでにもお話ししてきたように、共鳴する音をよく意識することで音程をチェックすることを忘れないように。例えば最初のdはオクターヴ上のD線の開放弦が、また最初の移動で取る1の指のgはG線の開放弦が共鳴します。さらに次の音、aはA線が鳴るはずです。これらの注意を怠らないことが音程を安定させ、音感を育てることに役立ちます。

さあ、これが最低限必要な音階の技術だと理解してください。そしてこれ以上難しいことはなく、開放弦を使える限られたいくつかの調性は例外的に少し楽ができたのだと。

実践8 ホルン五度でも同様に

59ページで〈完全五度〉に開放弦を使ったG-durとC-dur、長三度の上の音が開放弦になるF-durとB-dur、そし

全調に共通のフィガリング

て少し慣れたらF-durとB-durでは第4ポジションに上がって指を1・4の狭い形で取ることを示しました【譜例14・15】。

さてこの項目では、これらのフィンガリングをヒントに、全調性に対応できるフィンガリングに進みましょう。

【譜例20】を見てください。ここではG-durを例に挙げました。フィンガリングはF-durと同じように始めますが、長三度の上の音に開放弦を使えないので親指を使っています。2の指（中指）を押さえたままにしておくと安定して親指を上げることができます【写真8】。

親指を自由に使いこなすためには、指板にスムーズに上げ下げできるようにすることです。この重音での練習はとても役立ちますから、ぜひ繰り返し練習してください。

実際に曲を弾くときには、どんな調性の曲でも開放弦を使うことの目的は楽をするためではありません。開放弦特有の明るく澄んだ響きを求める時に使うのです。

写真７

写真８

美しい響き、正しい音程を聴き分ける耳を育てる

これまでに学んできた理論では、手の形とその移動距離をはっきり把握することを強調してきました。また、さまざまなフィンガリングを経てすべての調性に共通するフィンガリングへと進めてきました。しかし実際に楽器がよく鳴る美しく正しい音程は、これまでの図形的、視覚的理論だけでは実感できません。

ここでは、これまでの理論をもとに、楽器の響きを聴いて正しい音程に向かう実践的な練習をしていきます。まず音階から、そして実際に曲の中でも楽器の鳴り方の違いに耳を傾けてみましょう。

開放弦を味方に付けよう

前頁で『すべての音階に共通のフィンガリング』を理解いただいたと思います。開放弦を使わずに弾くことでそれ以上の難しさはないと、理論では言います。しかし**正しい音程は、正しい音程のイメージなくして取ることはできません。取るべき正しい音程がわからなければ練習にならないのです。**

幸い弦楽器には〈開放弦〉という不動の存在がありますので、これを大切なよりどころとして聴くことに集中した練習をします。

前提として調弦が正しくできていなければなりません。今は多くの人がチューナーを使っています。精度の良いものは便利に使っていいと思います。合わせたら必ず開放弦の完全五度の響きをよく聴きます。

私は普段は音叉を使っていますが、ピアノとのアンサンブルの時はピアノから a をもらい、自分で完全五度を聴きながら合わせます。さらにピアノの c と自分のC線が合っていることを確認します。もし合わなければ（低いことが多い）、C線をピアノに合わせ、間の2弦を調整します。これは純正音程（最もよく響く）の〈完全五度〉とピアノの五度（平均律）の誤差を調整するためです。

実践 9　重音で美しい響きを体感しよう

完全五度と完全四度、長三度と短六度

オクターヴ内の音程関係を順次見ていきましょう。【譜例21 ⓐ】を見てください。A線とD線の開放弦を重音で弾いてよく聴いてからG線の第1ポジションの a を取り、D線の開放弦と合わせます。完全四度がきれいに響くとA線が共鳴します。

次に【譜例21 ⓑ】を見ます。A線の開放弦とD線の第1ポジションの f を重音で弾きます。長三度の最もきれいな響きを探します。ごく僅かな違いで響きが変わるので、動かしすぎないように注意しながらよく聴いてください。

合ったと感じたら次に先ほどと同じG線の a と今取った f を重音で弾きます。A線が共鳴しきれいな短六度が鳴れば正しい

fが取れました。【譜例21ⓒ】は短三度と長六度です。このように完全五度と完全四度、長三度と短六度のように、オクターヴ（八度）という「枠」の中にひとつの音を置くと、その音で分けられた二つの部分の音度関係が5＋4や3＋6のように合計が9になるのは、中に置いた音をもう1回数えるからです。また「完全」は「完全」と、「長」は「短」と、「短」は「長」との組合せになります【図・表】。

完全一度と完全八度、二度と七度

【譜例22ⓐ】を見てください。D線の第4ポジションで取ったaはA線の開放弦と同じ音で完全一度です。オクターヴ下は完全八度、G線のaでA線の開放弦が共鳴します。

【譜例22ⓑⓒ】は二度と七度です。全音は長二度で反対側は短七度、半音は短二度で反対側は長七度です。

あらためてC-durを弾いてみよう

【譜例23】に従って音階を弾きます。開放弦を聴きながらきれ

【表】1オクターヴ内に1音(N)を置いたときの音度関係

ab=8	
an+nb=9	
an	nb
完全	完全
長	短
短	長

【図】

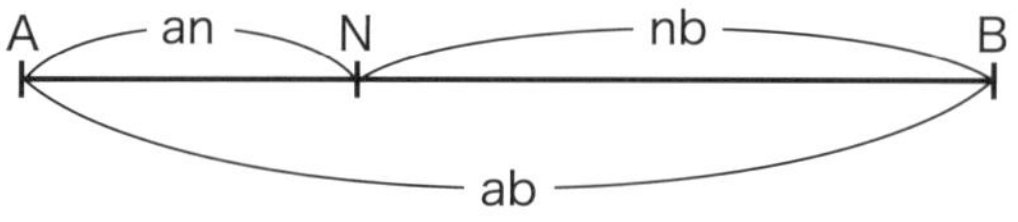

【譜例21】

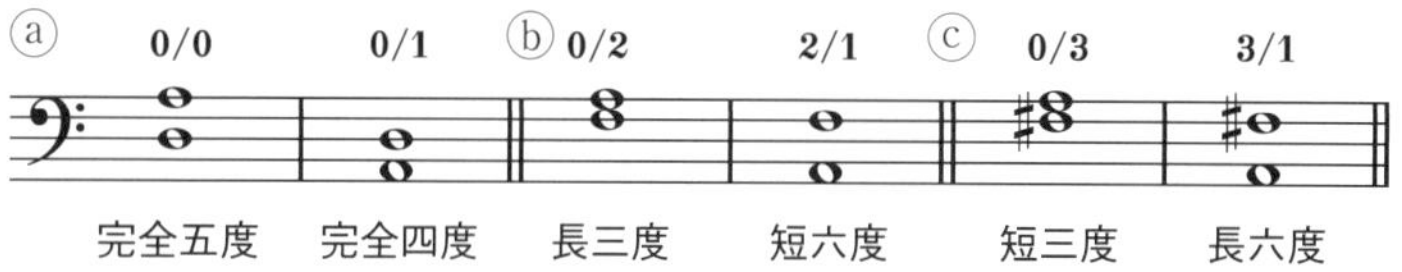

【譜例22】

【譜例23】

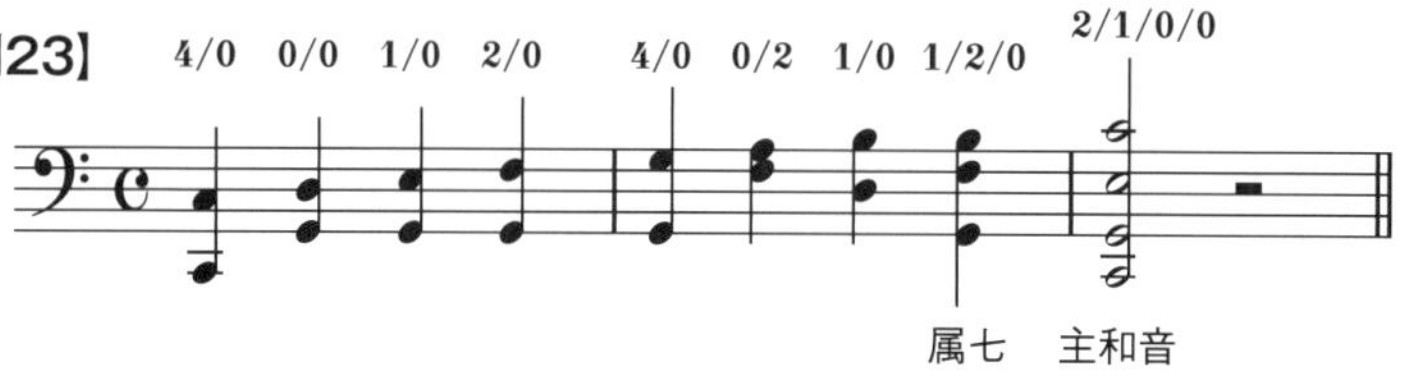

いな音程を探します。完全八度、完全五度、長六度、短七度、完全八度、長三度、長六度、属七和音、主和音の響きを味わってください。

実践10 J・S・バッハの無伴奏チェロ組曲第3番ブーレ

このように開放弦をひとつの拠りどころとして、曲を弾くときに一音ずつ音程をチェックしていきます。バッハの無伴奏チェロ組曲のC-durで試してみます。【譜例24】をゆっくり弾いてみましょう。冒頭は長六度、短七度、完全八度です。以下、比較的聴きやすい音程関係ですのできれいな響きを探して繰り返し弾いてみましょう。オリジナルの譜面に戻ったときに音程と楽器の響き方に違いがありましたか?

実践11 J・S・バッハの無伴奏チェロ組曲第1番クラント

もう一曲バッハの無伴奏チェロ組曲からG-durを弾いてみます。【譜例25】のように、ここでも開放弦を基準としてゆっくりよく聴きながら音程を合わせていきます。完全八度、長六度、短三度、さらに長三度にオクターヴがプラスされた長十度もあります。色々な音程巾の響きを聴いてきれいなハーモニーを探してみましょう。

弦楽器ならではの美しい響きを求めよう

ピアノには鍵盤があって自分で音程を取らないので、とかく音程に関しては無頓着になりがちです。また弦楽器を弾く人はピアノに合っていれば音程は大丈夫と思い込んでいませんか? ピアノの調律がきちんとできていることは最低限の条件ですが、ピアノの調律は音程幅を周波数から割り出して平均的に取っているので（平均律）、2音間に本当にうなりの生じないきれいな響き（純正音程）とは誤差があります（完全一度＝ユニゾン、完全八度＝オクターヴ以外）。

その誤差は完全五度と完全四度ではわずかですが、長短の三度、六度、また短二度、長七度では大きく出ます。ここでは音響学的な詳しい説明は省きますが、きれいな音程を取る時のヒントを少し説明します。

先に説明したオクターヴという「枠」の中に一音置いたときの考え方を補足します。決まったある距離（AB）の間に置かれた一点（N）の位置を（an）＋（nb）＝（ab）とします。式を置き換えれば（ab）－（an）＝（nb）です（65ページ【図】）。音程幅で言い換えると、例えば（1オクターヴ）－（長三度）＝（短六度）となりますが、このことはきれいな音程（純正音程）を取るための誤差でも同様に考えられます。つまり例えば長三度で生じた誤差を「-x」とすると短六度で生ずる誤差は「+x」ということです（68ページ【図】）。そこでごく大雑把ですが、誤差の大きい三度、六度についてきれいな音程に近づくには次のようにしてください。

長三度は少し狭く＝短六度は少し広く

短三度は少し広く＝長六度は少し狭く

また短二度、長七度については以下のように試してみましょう。

短二度は少し広く＝長七度は少し狭く

どのくらいというのは数値で表せますが、私たち演奏者は耳で判断したいものですね。

■J・S・バッハ：無伴奏チェロ組曲第3番〈ブーレ〉

【譜例24】

【練習曲8】J・S・バッハ：無伴奏チェロ組曲第1番より〈クラント〉

※【譜例25】で練習してみましょう。

まず開放弦に対してよく響く音程を探します。冒頭4小節はいずれも開放弦に対して三度（＝十度）の音程に注意します（第1、2小節はg-h、3小節目はc-e、4小節目はa-fis）。純正律という言葉を聞いたことがあるでしょう。ここでは詳しい話はしませんが、平均律(一般のピアノの調律やチューナーが正しいと表示する音程）よりきれいに響く音程の取り方です。

特に誤差が大きいのが三度（長・短）で、この関係はピアノやチューナーに合わせても完全に響き合う音程にはなりません。この誤差はオクターヴにはありません。ですから例えば6小節はgの代わりにオクターヴ下の開放弦を基準にしても同じです。オクターヴに誤差がないので長三度と短六度(あるいは短三度と長六度)は同じ誤差と捉えてよいでしょう。理屈が少し理解できたら、実際に気持ちの良い響きを追及してください。

クラントは軽快な舞曲なので、8分音符はスタッカートで小節最初の音は軽くアクセント、また第1・3・4・8・13・17小節のような1拍半の16分音符は、流れるようなレガートで弾きます。5-6、11-12、14-15小節目は各拍とアーティキュレーションを明確に表現します。

■J・S・バッハ:無伴奏チェロ組曲第1番〈クラント〉

【譜例25】

音程――深く不思議な存在

三度と六度をもう一度

前頁とは違った組み合わせで弾いてみます。【譜例26】は長六度と短三度、短六度と長三度の例です。ⓐとⓑでは開放弦がD線、ⓒとⓓではG線です。ⓐとⓒで、長六度の1の指、短三度の3の指はいずれも同じ開放弦を相手にしていますから、やや狭く取りたい長六度、やや広く取りたい短三度ともに少し低めの音程の中にきれいな響きが見つかります。ⓑとⓓは短六度と長三度ですから、反対に1の指、2の指とも高めを探してみましょう。

次に三度にオクターヴを足した十度を試します。【譜例27】のⓐは長十度、ⓑは短十度で、それぞれ長三度、短三度と同じ誤差できれいな響きを見つけられます。【譜例26】で生じた平均律との誤差は、ⓐとⓒでは「−x」、ⓑとⓓでは「+y」、【譜例27】のⓐは「−x」、ⓑでは「+y」で、いずれもx、yの値は同じです【図】。

響き合う重音、響き合わない重音

さて、ここで実際にxという誤差がどんなものかを感じてみましょう。数値としてではなく、実際に心地よい響きとそうでない響きを聴き比べてみます。【譜例28】を見てください。長六度ではG線開放弦に対しeの気持ちのいい音程は平均律に対し「−x」です。ここで取ったeとA線の開放弦は完全四度ですが、この重音は気持ちよく響くでしょうか? かなり狂っていませんか?

では反対に完全四度を先に取ってみます。A線の開放弦と気持ちよく響くeの音程は、先ほどよりいくらか高めにすると見つけられます。さあ、このeとG線開放弦の響きはいかがですか? 完全四度では平均律との誤差はごくわずか(ごくわずかに狭い)です。したがってここで取ったeの音程は平均律に対してほぼ「±0」(ほんのわずか+)ですから、G線開放弦とは響き合いません。

もう一つ【譜例29】を試しましょう。A線開放弦に対してfは平均律の音程に比べ「+x」です。これに完全四度のcをG線上に取ります。このcは「+x」なのでC線開放弦には合いません。逆にcをC線開放弦に合わせればこれと合うfはA線開放弦とは合わなくなります。F-durの曲を演奏するとき、例えばドヴォルジャークの弦楽四重奏曲『アメリカ』の第1楽章の最後の和音【譜例30】で、第一ヴァイオリン・第二ヴァイオリンが共にaを持っており、これを開放弦で弾くとすると彼らのfは「+x」であり、チェロも同様、またヴィオラのcもヴァイオリンのA線開放弦に合わせれば長六度で「+x」、ヴァイオリンのfに対しては完全四度(第一ヴァイオリンはオクターヴ上)、チェロとは完全五度とオクターヴの音度関係で、ともに「+x」(ヴィオラ、チェロのC線開放弦とは合わない)となって全体にやや高めの響きになります。これはA線開放弦を基準に取った場合で、仮にヴィオラがc線開放弦などというときは他に選択肢がないのでaの方をこれに合わせることになります。

開放弦は最もよく響くので恐れず使いたいのですが、ヴィオラ

【図】

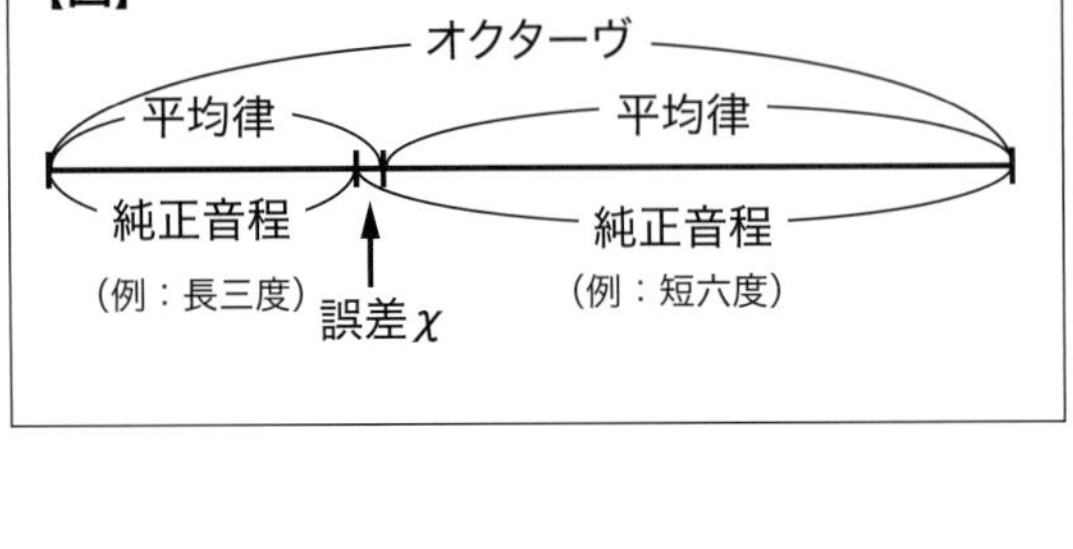

音程－深く不思議な存在

やチェロにとってはF-durは主和音の第三音と第五音が開放弦になる（ヴァイオリンではC-dur）ことを心に留めておく必要があります。

鍛えるべきは耳だ！

繰り返しになりますが、正しい音程を取るには図形的、視覚的理論は助けにはなっても目標到達には程遠く、鍛えられた音程感覚無しには実現しません。取りたい音程のはっきりしたイメージがあってこそ、そこへ指を持っていく練習の意味があるのです。

そして正しい音程はよく響く気持ちのいい和音の中にあります。フレーズの中のごく短いパッセージがどういう音で（和音で）構成されているかを見極め、その和音の音を弾いてみることで鮮明に音程のイメージを捉えられるのです。和音を構成する音の音度関係はさまざまです。これまで見てきた例を参考に、正しい和音の音度関係から、求める一つの音程を見つけ出す努力を続けてください。

【譜例26】

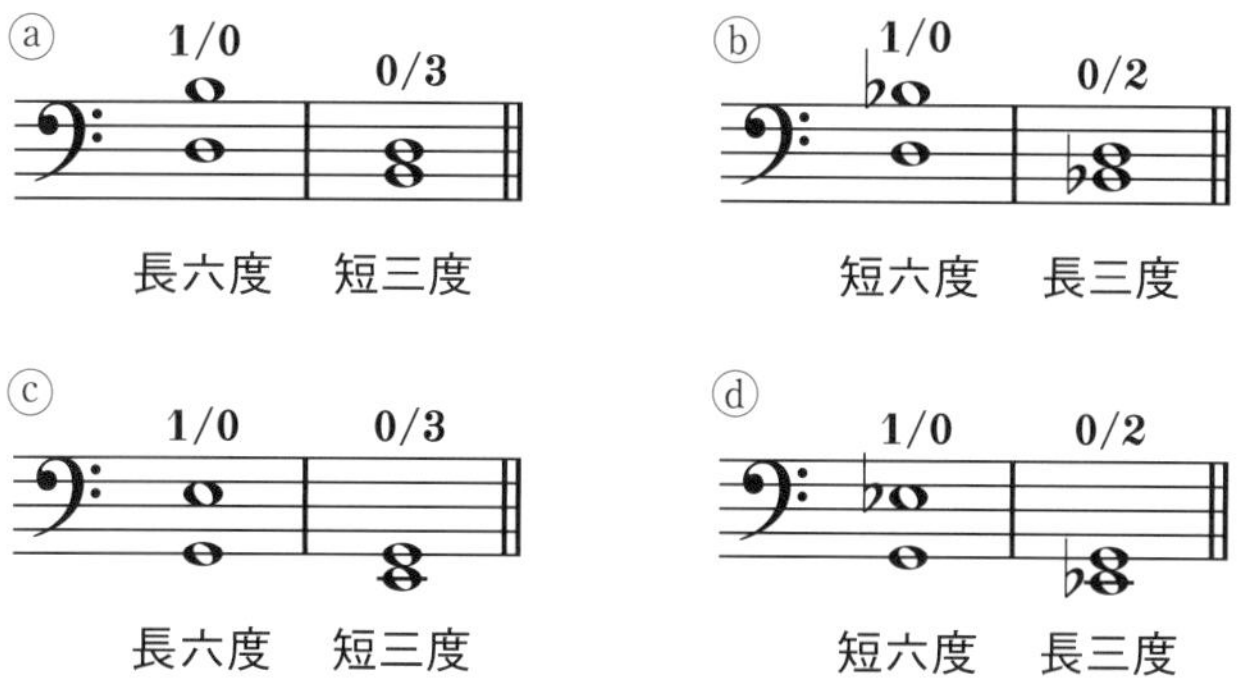

【譜例27】

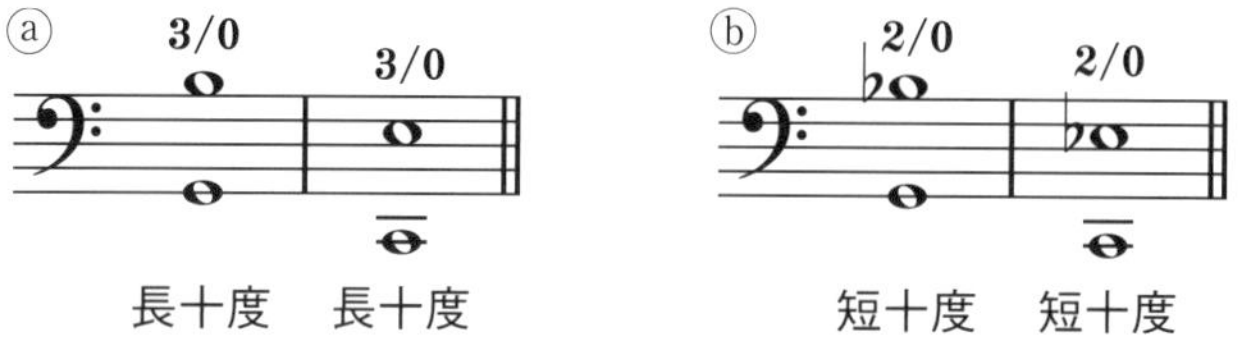

【譜例28】

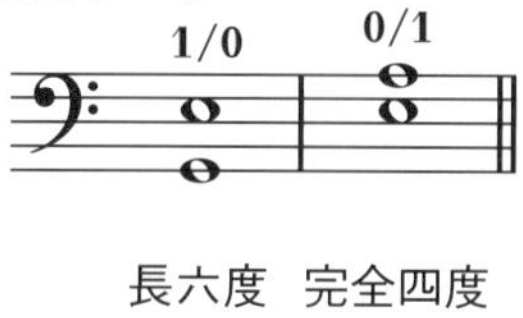

【譜例29】

【譜例30】

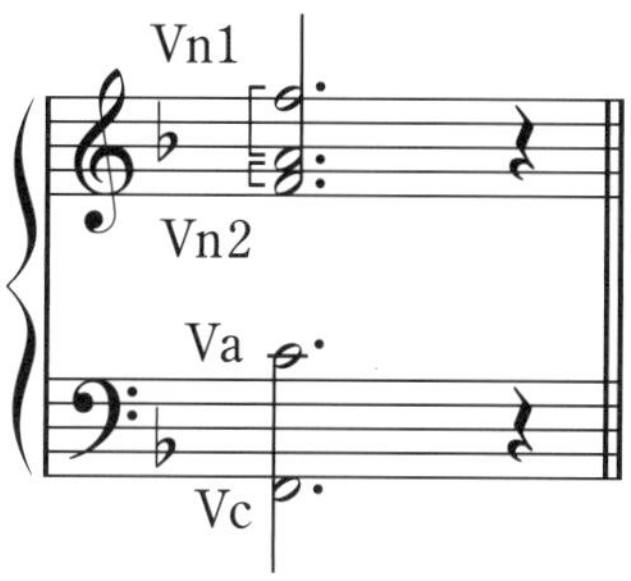

室内楽／弦楽四重奏について

室内楽は演奏の楽しみを仲間と共有できる幸せな機会です。チェロの基礎が身についたら早速試すのに絶好の素材として、モーツァルトの初期の弦楽四重奏曲をお薦めします。

パート譜だけでなくスコアを見て曲の作りを理解すること

モーツァルトの弦楽四重奏曲では「ハイドンセット」が有名で、特に《狩》（Ｋ４５８）や《不協和音》（Ｋ４６５）は私も好きでＬＰを繰り返し聴いたものです。しかし音楽学校入学後に仲間たちと初期の作品12曲を演奏する機会があり、モーツァルトの魅力と弦楽四重奏を演奏する楽しさを知りました。

弦楽四重奏の形態はハイドン、モーツァルトの時代から盛んになります。それ以前盛んだったディベルティメントやセレナーデなどの弦楽合奏から、各声部を一人に、また低音もコントラバスを抜き、よりシンプルな響きになりました。

さてチェロのパート譜を見ると8分音符の刻みなど単純な形ばかりで、どんな旋律の音楽だったっけ？　ということになりかねません。しかしこの単純な音符こそ楽しいのです。スコアを見ると主に第1ヴァイオリンが旋律を持っています。しかしどう歌うかはそのパートだけに任せません。旋律を自分も歌いフレーズやハーモニーを共有して4人が演奏する、それがクァルテットの醍醐味です。今回取り上げる作品たちは曲の構造が単純でとらえやすく技術的にもやさしいので、スコアを見て曲を理解し、全員で音楽する喜びを体験しましょう。

モーツァルトの若き感性に触れる

Ｋ１５５から始まる6曲、通称「ミラノセット」は彼が16歳のイタリア旅行中に書きました。ソナタ形式の第１楽章、ゆったりの第２楽章、速い曲調の第３楽章という3楽章構成です。全楽章通しても演奏時間は7～8分です。

Ｋ１５６の第１楽章冒頭【譜例１】は、クァルテットの典型的な形で、チェロは強拍、内声は後打ち、旋律は４＋４＋８の16小節フレーズです。フレーズのどこに重さを置くかが大切です。【譜例２】はフレーズを閉じる大切な動きです。第２楽章アダージョ【譜例３】は16歳の少年が書いたと思えないほど感傷的ですが、モーツァルトらしい芝居がかった音楽です。

【譜例４】はＫ１６０の冒頭。変ホ長調の力強い音楽はチェロの刻みもスピッカートで元気に。フレーズは11小節と変則的です。４小節の後半から起伏に抑揚がつくのは自然です。８小節と12小節に入るとき、音は同じでも表現は変えます。

Ｋ１６８～１７３は「ウィーンセット」と呼ばれ、メヌエットの楽章を加えた4楽章形式で音楽的にもより充実しています。

Ｋ１６８の第二楽章【譜例５】はヘ短調、アンダンテ・コンソルディーノとなっています。第一ヴァイオリンを他の楽器が次々追っていきます。対等なバランスで弾きましょう。

Ｋ１７３はニ短調、レクイエムに代表される悲しく暗い調性で

■ モーツァルト：管弦四重奏曲

【譜例1】K.156第1楽章冒頭

【譜例2】K.156第1楽章15～18小節

【譜例3】K.156第2楽章冒頭

【譜例4】K.160第1楽章冒頭

【譜例5】K.168第2楽章冒頭

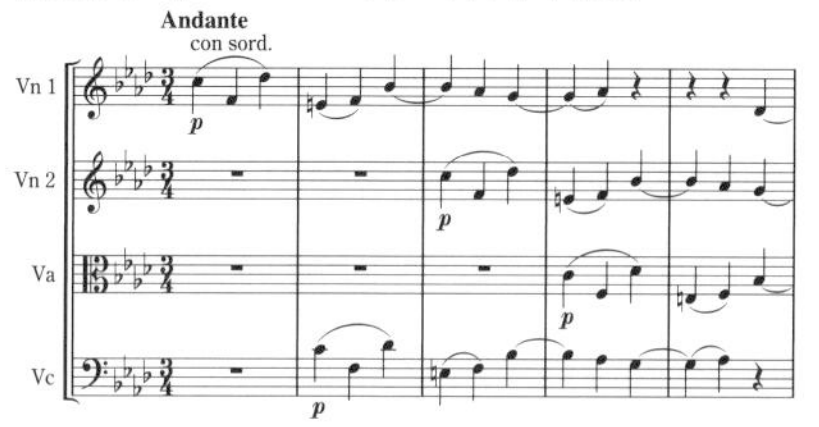

【譜例6】K.173第1楽章10～12小節

【譜例7】K.173第2楽章冒頭

【譜例8】K.173第3楽章メヌエット冒頭

【譜例9】K.173第3楽章トリオ冒頭

【譜例10】K.173第4楽章フーガ冒頭

す。10小節【譜例6】は内声のシンコペーションとともに悲痛な感情表現。【譜例7】のアンダンティーノ・グラッツィオーソは優美な踊りのステップが目に浮かぶようです。重さの乗るところと浮くところを感じて弾きましょう。メヌエット【譜例8】とトリオ【譜例9】は平行調（因みに有名なハイドンセットのニ短調K421のメヌエットとトリオは同主調）*。対照的な調性から受ける感情の違いは明らかです。第四楽章フーガ【譜例10】のテーマは下降半音階。暗い精神性を表します。フーガではテーマ以外のパートは控えます。

モーツァルト初期、ぜひ楽しんで色々弾いてみてください。

*〈平行調〉〈同主調〉について：調性には総称して〈関係調〉または〈近親調〉と呼ばれるものがあり、比較的近い関係を持つ二つの調性を指します。一般に〈平行調〉〈同主調〉〈属調〉〈下属調〉の4つ、あるいはこれに〈属調の平行調〉〈下属調の平行調〉を加えて呼ぶこともあります。〈平行調〉は同じ調号を持つ長調と短調、〈同主調〉は同じ主音を持つ長調と短調の関係で、メヌエットとトリオや、楽章間に性格的な対比を持たせる場合に用いられます。

あとがき

この本を作るにあたって連載として書き綴ってきた「チェリストのための基礎講座」を読み返しました。あらためて見てみると、チェロを弾くためにまず必要な基礎は何か？　その重要度は？　また理解していただくための言葉や図解などが十分だろうか？　重複している部分がないか？　などチェックすべきことがたくさんあり、時間と精力のいる作業でした。しかし私が考える『基礎として大切なこと』を私自身が見直す貴重な機会となりました。

実際にはこれですべて言い尽くせたとはとても言えませんが、皆さんがチェロを弾く楽しみのお役に立てばうれしいです。

造園を仕事としている友人は依頼主にこう言うそうです。

「私が作ることができる庭は半分までです。整地し、土壌を作り、花や木や芝は植えます。でもあとを何年もかかって育てていくのはあなたですよ」

私も皆さんに言いたいと思います。この本はほんの手がかりに過ぎません。その先は皆さんがご自身で考え、さらに演奏の質を高めてください。

２０１９年９月　黒川正三

楽　譜

Amazing Grace
（アメージング・グレイス）

《アメージング・グレイス》は、若い頃、父親や恩人を忘れて放蕩の限りを尽くした自分が、嵐の中、奇跡的に乗船が救われたことで神の存在に気付かされ、のちに聖職者になったジョン・ニュートン（1725～1807）が、詩人ウィリアム・クーパー（1731～1800）と作った『オルニー賛美詩集』（1779年刊）に収められたニュートンの賛美詩Amazing Graceに、別の歌の旋律が付けられ（1835年に出版されたSouthern HarmonyにHarmony Groveという曲の旋律で載ったのが最初との説がある）、広く愛されるようになりました。「驚くばかりの神の恩寵」を歌った敬虔な信仰心溢れる歌です。

F-durで2回繰り返され、B-dur、Des-durと転調していきます。初めは呟くように、🄰からやや幅広く、🄱からは高揚感を増し、🄲からは感動と希望に満ちた心をもって演奏します。🄳からCodaで、神への感謝の気持ちを込めて締めくくりましょう。

Amazing Grace

詞：ジョン・ニュートン
作曲者不詳（賛美歌より）

C
D
II sempre

Amazing Grace

詞：ジョン・ニュートン
作曲者不詳（賛美歌より）

20
25
30
mf
B
35

40
45
50
C
f
55
7

59
ff
63
p
D
67
72

監修・著

黒川正三（くろかわ・しょうぞう）

東京藝術大学大学院在学中に東京フィルハーモニー交響楽団に入団。その後、一時休団しウィーンへ留学。帰国後同楽団に副首席奏者として復帰、東京藝術大学および附属高校にて後進の指導も行う。1991 年より同楽団の首席奏者を務め 2015 年、任期満了にて退団。1995 年よりフィルハーモニーカンマーアンサンブルを主宰し、さまざまな室内楽の他、声楽を加えた宗教曲などを独自のスタイルで企画、演奏している。

チェリストのための基礎講座

2023 年 6 月 9 日　2 版第 1 刷発行

監修・著：黒川正三
発行者：佐瀬 亨
発行所：株式会社せきれい社
〒 107-0052 東京都港区赤坂 7-5-48
赤坂スカイハイツ 502
tel.03-6685-5914　fax.03-6685-5913
郵便振替：00170-5-558880
E-mail：info@sarasate.jp

印刷所：PRINT BANK, Inc.
ISBN978-4-903166-08-7

編集・写真：伊東雨音
表紙 本文デザイン：大川デザイン（野口紀子・大川 進）
楽譜浄書：久松義恭